# NA KONIEC ŚWIATA

Marcin Ludwicki

# NA KONIEC ŚWIATA

Wydawnictwo AA
Kraków

Korekta: *Irena Smorąg*

Skład i łamanie: *Hanna Nikodemowicz*

Projekt okładki: *Artur Falkowski*

Fotografia na okładce: *Justyna Kuczmierowska*



ISBN 978-83-7864-936-6

Wydawnictwo AA s.c.
30-332 Kraków, ul. Swoboda 4
tel.: 12 292 04 42
e-mail: klub@religijna.pl
www.religijna.pl

*Opisane wydarzenia*
*rozegrały się w Warszawie*
*między sierpniem 2004 i majem 2008 roku.*

Powiedział, że powinniśmy się jeszcze
spotkać i że muszę podążać dalej wzwyż
i dalej w głąb.

C.S. Lewis, *Ostatnia bitwa*

To z pewnością było przedpołudnie. Prawie na pewno – listopadowe. Szarojesienne w każdym razie. Właśnie przeprowadzili się z Woli do mieszkania na trzecim piętrze przedwojennej kamienicy na Mokotowie. Trwał remont, obszerne, białe pokoje stały niemal puste. Dorota siedziała bokiem do dużego okna z rozległym widokiem na podobną, szarą, poznaczoną wystającymi spod tynku czerwonymi wykwitami cegieł kamienicę po drugiej stronie ulicy. W mieszkaniu panowała cisza. Sebastian wyszedł do pracy, Marysia pojechała do szkoły, Róża spała za ścianą, Antek leżał jeszcze w szpitalu po wycięciu wyrostka robaczkowego, lada dzień miał wrócić do domu. Przydarzyła się jej chwila spokoju, tak potrzebnego kobiecie w końcówce ciąży. Włączyła telewizor. Bardzo rzadko jej się to zdarza, więc doskonale pamięta, że było przedpołudnie. Akurat zaczął się reportaż o rodzinie, w której dziecko zmarło w szpitalu na raka. Spokojna opowieść rodziców i rodzeństwa, bez histerii, gwałtownych emocji. Kobieta w ciąży jest szczególnie wrażliwa na wszystko, co dotyczy dzieci, wszelkich chorób, nieszczęść. Kiedy usłyszy płacz dziecka gdzieś za oknem, na ulicy – od razu wygląda, chce wiedzieć, co się stało, wybiec, sprawdzić, czy nikt nie potrzebuje pomocy. W dodatku Antek leżał w szpitalu. Niby wycięcie wyrostka to prosty zabieg, ale szpital to jednak szpital. Nic dziwnego więc, że reportaż wstrząsnął Dorotą. Przez głowę pospiesznie przemknęła jej myśl: *Panie Boże, tylko nie to, oddal ode mnie podobne rzeczy.*

Historia wyrostka Antka przedstawiała się następująco. Kończył się sierpień i wakacje w ukochanych Urlach. Za kilka dni pięcioletni Antek miał pójść do przedszkola. I właśnie wtedy, pod koniec sierpnia, po raz pierwszy bardzo silnie rozbolał go brzuch. Ale nic, przeszło, wakacje się skończyły, poszedł na rozpoczęcie roku. Następnego dnia odwieźli go do szpitala po nocnym ataku bólu. Lekarze nie potrafili powiedzieć, jaka jest jego przyczyna i co Antkowi dolega. Przebadali chłopca możliwie wszechstronnie. Prześwietlenie wykazało drobne zmiany w klatce piersiowej. Orzekli, że to musi być końcówka zapalenia płuc, i położyli go w szpitalu na leczenie antybiotykami. Po dwóch tygodniach mógł wrócić do przedszkola. Trwała jesień, załapał się jeszcze na zabawy na dworze.

Przedszkole mieściło się w tym samym budynku, co szkoła Marysi, która wtedy właśnie zaczęła pierwszą klasę. Po południu Dorota z maleńką Różą jechała więc odebrać tę dwójkę. Około połowy listopada w drzwiach szkoły czekała na nią wychowawczyni Antka. Rozmowa przebiegała mniej więcej tak:

– O, dzień dobry, wie pani, dziwne, Antek dzisiaj czuł się dobrze, ale po obiedzie – zjadł dwa talerze zupy pomidorowej, więc wszystko musiało być w porządku – rozbolał go brzuch (znów?!) i dostał wysokiej gorączki.

Natychmiast wsadziła synka do samochodu i z obiema dziewczynkami popędziła do szpitala. Lekarze postawili szybką diagnozę – to musi być wyrostek, dziś jeszcze operujemy. Przyjechali dziadkowie i zabrali dziewczynki do domu. Dorota z ulgą usiadła przy łóżeczku Antka. Z ulgą, bo chociaż taki zabieg to oczywiście przeżycie, nareszcie wiadomo, co mu dolega.

Tego samego wieczora wyrostek został wycięty. Koniec z bólami budzącymi lęk tym większy, że lekarze nie znali ich przyczyny.

Powiększone węzły chłonne, które chirurdzy dostrzegli w czasie operacji, to z pewnością efekt tego zapalenia płuc, normalny objaw u dzieci. Spędzi tydzień w szpitalu i po wszystkim, zapomną o sprawie, życie potoczy się dalej. W tych właśnie dniach Dorota obejrzała w telewizji ten reportaż.

Po tygodniu od operacji Antek wrócił do domu. Robotnik remontujący im mieszkanie opowiadał co prawda, że jego syna po usunięciu wyrostka gnębiły jakieś powikłania, ale nikt się tym nie przejął – wyrostek został wycięty i już.

Poza porodami do momentu choroby Antka Dorota kontakt ze szpitalem miała tylko raz, kiedy trzymiesięczna Róża dostała zakażenia. Na sali leżał chłopczyk ciężko chory na nerki, z wenflonem w główce. Miał osiem-dziewięć miesięcy, od trzech leżał w szpitalu. Matka, kobieta wykształcona i w ogóle na poziomie, nieustannie powtarzała, że to ponad jej siły, że dłużej już nie wytrzyma, niech mąż też zajmie się dzieckiem. Faktycznie – kiedy on przychodził, brała gazetę i pogrążała się w lekturze. Choćby chłopiec płakał najżałośniej, nie odrywała wzroku od gazety, jakby chciała pokazać, że teraz kolej na ojca dziecka. Pytanie, na ile ona spokojnie czytała, a na ile udawała. Niemniej – to było mocne wspomnienie.

Następnego dnia po wyjściu Antek z silnym bólem wrócił do szpitala. Tym razem przyczyną były powikłania pooperacyjne. Na USG lekarze dostrzegli jakiś guz między pęcherzem i kością ogonową – najpewniej ropień pooperacyjny. Poda się dożylnie antybiotyki i po wszystkim, tyle że jeszcze dwa tygodnie Antek spędzi w szpitalu. Minęły dwa tygodnie, wyszedł na przepustkę. Wrócił znów po kilku dniach, z takim samym bólem. I tak do stycznia. Szpital, przepustka, kilka dni w przedszkolu – bardzo, bardzo chciał wracać do kolegów – atak bólu i powrót do szpitala. Za każdym razem wydawało się, że to już ostatni raz, że teraz już się wyjaśni. Leczenie antybiotykami nie skutkowało. Guz ciągle tkwił między pęcherzem i kością ogonową. Co to za guz – nie wiadomo. Samo słowo kojarzy się źle, z nowotworem. Może więc przebadać go onkologicznie? To pytanie Dorota po raz pierwszy zadała jeszcze na jesieni. Lekarze uspokajali – niech się pani nie przejmuje, przed operacją go nie było, pojawił się po, to musi być ropień, zaleczy się, bez przesady, dlaczego od razu nowotwór? Może jednak? – nalegała drugi raz, trzeci, kolejny. – Nie, nie, co też pani, jest pani w ciąży, spokojnie, nie ma się co denerwować, trzeba się cieszyć, że dziecko się urodzi – delikatnie klepali ją po brzuchu. Z nowotworami nie jest tak, jak się pani wydaje. Zaleczymy antybiotykami. Lekarze naprawdę byli pełni dobrej woli. Ale – ile można? Jak „zaleczymy", skoro za każdym razem po wypisaniu do domu Antek po kilku-kilkunastu dniach wracał do szpitala? Poznawał wtedy gorzki smak przegranej. Przeczuwał już, że wizyta w szpitalu zakończy się dłuższym pobytem. Jeszcze na jesieni pytał: ale ja nie zostanę w szpitalu, prawda? Dorota odpowiadała: zobaczymy, Antek, mam nadzieję, że nie. Zrobimy wszystko, żebyś mógł wrócić do domu. Później ona już nic nie mówiła, a Antek nie pytał, tylko stwierdzał: na pewno zostanę w szpitalu. Dorota milczała, wiedziała, że jeśli jadą do szpitala, po badaniach usłyszy pytanie: ma pani rzeczy synka? Tu jest łóżeczko. I Antek zostawał na nieskuteczne leczenie antybiotykami nie wiadomo czego.

Szpital wszedł bardzo mocno w życie rodziny. Coraz rzadziej mama mogła pobyć z Marysią i Różą, coraz więcej czasu spędzała w szpitalu z Antkiem. On sam powoli stawał się dzieckiem szpitalnym. Rodzice stawali się rodzicami szpitalnymi. Rodzeństwo – Marysia i Róża – rodzeństwem szpitalnym. Rodzina stawała się rodziną szpitalną.

Osaczanie ich wszystkich przez szpital, przez chorobę Antka wyglądało na przykład tak: Na początku grudnia Marysia miała wystąpić po raz pierwszy w szkolnym przedstawieniu. Debiut koniecznie musiała zobaczyć mama. Jej obecność stanowiła o racji występu i sensie trudów. Po co miałaby się wysilać, jeżeli na widowni zabraknie mamy? Mamy, która bije brawo, śmieje się, która po występie przytuli Marysię i powie jej, że była wspaniała. Mamy, która w ten wieczór będzie tylko dla niej. Dobrze, wszystko zostało ustalone, przyjechał Sebastian, żeby zostać z Antkiem. Dorota powinna już wyjść, jeszcze tylko pójdzie z synkiem do zabiegowego na zmianę wenflonu i pojedzie. Nie może się spóźnić. W zabiegowym pielęgniarka próbowała wkuć się Antkowi w rękę. Żyły dziecka po antybiotykoterapii są bardzo kruche, słabiutkie, więc przy pierwszej próbie żyła pękła. Przy drugiej też. Zaczął się płacz Antka, nerwy pielęgniarki, łzy Sebastiana, ściśnięte gardło Doroty. Bo żyła pękła i przy trzeciej próbie. I przy czwartej, przy piątej i szóstej. Antek, wykończony, nie miał już siły płakać. Kiedy i siódme kłucie się nie udało, pielęgniarka poddała się – już nie mogła, nie wiedziała, co się dzieje, miała dosyć, nie dawała rady. Wyszła. W szkole Marysi zaczęło się przedstawienie. W szpitalu po godzinie inna pielęgniarka podjęła walkę z wenflonem. Na przedstawienie dotarł spóźniony tata. Mama musiała zostać przy Antku, Marysia nie zobaczyła jej na widowni.

W połowie grudnia wciąż nie było wiadomo, na co Antka leczyć – może jednak zbadać, czy to nie rak? Tak na wszelki wypadek. Zbadali. Cierpiał bardzo, bo zamiast wyciąć fragment guza, zrobili mu biopsję cienkoigłową, zamiast narkozy podali „głupiego Jasia", który nie znieczula, ale sprawia, że dziecko nie pamięta bólu. W czasie zabiegu trzeba było trzymać go naprawdę mocno. Początkowo trzymała Dorota, później na szczęście została wyproszona. Nie wytrzymałaby tego. Podczas zabiegu rzucającego się Antka musiały trzymać cztery osoby.

Po zbadaniu pobranych próbek okazało się, że to może być chłoniak. Zaskakujące – przecież od niemal pół roku lekarze badali i diagnozowali Antka.

Chłoniak? Niemożliwe.

Dla pewności powtórzyli badanie.

I proszę – opisująca wynik znana profesor stwierdziła, że jednak nie. Dorota i Sebastian odetchnęli z ulgą. Spokój trwał do czasu rutynowej tomografii, jednej z wielu, na którą jeździli karetką do innego szpitala. Po obejrzeniu wyników tego akurat badania przeprowadzająca je pani stwierdziła, że jej zdaniem to chłoniak. Ale to zupełnie prywatna opinia, wynik musi obejrzeć lekarz specjalista. Wrócili do szpitala. Przy wejściu Dorota powiedziała do Antka, który doskonale znał już oddział: – Leć na górę, ja za chwilę przyjdę, muszę tylko napić się kawy (na tomografię Antek jeździł na czczo, po wypiciu pół litra obrzydliwego płynu, Dorota w końcówce ciąży musiała z kolei w ciągu dnia ukradkiem coś zjeść). Antek pobiegł na salę, ona poszła do bufetu, zamówiła, zapłaciła, wzięła plastikowy kubek z gorącą kawą. W drzwiach bufetu niemal wpadał na nią zbiegający po schodach lekarz:

– Proszę pani, musi pani natychmiast jechać z nami na oddział.

– Dobrze, już idę.

Weszli do windy, ona trochę ostrożnie, bo i kubek gorącej kawy w ręku, i dziewiąty miesiąc ciąży. Chwilę milczała, w końcu nie wytrzymała:

– Czy coś się stało?

– Tak, to jest nowotwór.

Od jakiegoś czasu brała pod uwagę taką możliwość. Ale jej pierwszą myślą nie było na przykład: *a więc jednak*. Pierwszą myślą było: *człowieku, czy ty wiesz, co robisz? Jak i gdzie to mówisz?*

W gabinecie lekarz sprecyzował informację:

– To najprawdopodobniej nowotwór, ciężki. Na Antka czeka łóżko w szpitalu specjalistycznym, pod opiekę weźmie go wybitny profesor, specjalista od nowotworów dzieci, do którego przyjeżdżają pacjenci z całej Polski. Nie ma czasu, proszę się szybko spakować, karetka zaraz podjedzie, prawdopodobnie dziś jeszcze Antek zostanie zoperowany.

Pobiegła szybko na salę spakować rzeczy synka, po drodze zadzwoniła do Sebastiana, niech zaraz przyjeżdża. Nie miała czasu na tłumaczenie Antkowi, dlaczego tak nagle musi przerwać zabawę. Przyjechał Sebastian, dobrze, schodzimy, karetka czeka.

W karetce Sebastian nie mógł powstrzymać łez.

– Tato, dlaczego płaczesz? – zapytał Antek.

– To kot, to przez kota – wiesz, tata zawsze był uczulony na koty, a przed chwilą właśnie – patrz, jaki pech! – natknął się na jednego i teraz nie może sobie dać rady. Dlatego płacze.

Zapadał wczesny zimowy zmierzch, kiedy około szesnastej karetka zajechała pod szpital. Przed przyjęciem na oddział trzeba przejść najpierw przez przychodnię przyszpitalną. W wąskim, długim korytarzu na konsultację czekał zmęczony tłum ludzi z całej Polski. Rodzice z dziećmi w strasznym nieraz stanie. Obok Doroty, Sebastiana i Antka siedział chłopiec z Tatr. Żeby zostać przyjętym na piętnastominutową konsultację jechał z tatą pięć godzin pociągiem w jedną stronę, w kolejce czekał cztery, po czym wracał pięć. Wyglądał tak, że bali się na niego spojrzeć. Chudy, zapadnięte policzki, oczywiście łysy. Wrak, do poczekalni ojciec musiał wnieść go na rękach.

Cztery godziny oczekiwania. Zmęczony dniem Antek usnął na rękach rodziców. Wreszcie pojawił się profesor.

– Chłopiec czy dziewczynka? – pytanie wyrwało ich z poczekalnianego odrętwienia.

– Jak to, chłopiec czy dziewczynka? Przecież widać, że chłopiec.

– Nie, nie, ja pytam o panią – profesor wskazał na brzuch Doroty.

– Nie, nie wiem – jej myśli krążyły zupełnie gdzie indziej, nie przyjechała tutaj rozmawiać o tym, czy urodzi się chłopiec, czy dziewczynka.

Wziął od nich wynik porannej tomografii, obejrzał Antka, zbadał, obejrzał wynik jeszcze raz, kazał im pójść piętro wyżej, na oddział onkologii, i zrobić chłopcu badania krwi na obecność komórek rakowych. Poszli, zrobili. Po szarpiących niepewnością czterdziestu minutach oczekiwania na wynik profesor, lekarz doświadczony, całkowicie wyluzowany, pewny siebie stwierdził:

– To z całą pewnością nie jest nowotwór. Nie każdy guz jest nowotworem. Gdyby to był chłoniak, dziecko nie przeżyłoby trzech miesięcy.

Nie przyjmie Antka na oddział, nie ma takiej potrzeby. Muszą wrócić do „macierzystego" szpitala.

Przyjechali. Tam zdziwienie:

– Jak to, nie przyjął was? Dobrze, w takim razie wypisujemy do domu.

Boże, co za szczęście, jaka ulga! Wypisują, bo guz nie jest nowotworem. Niepokój znów okazał się nieuzasadniony, choć chodzenie za lekarzami, dopraszanie się o konsultację onkologiczną było oczywiście zrozumiałe.

Przecież nie wszyscy wiedzą, że nie każdy guz jest nowotworem.

Antek wyszedł ze szpitala w piątek, a w niedzielę Dorota urodziła Tadzia. Och, jak to dobrze, że Antek nie musiał już wtedy leżeć w szpitalu, że mógł w domu szaleć z radości z narodzin brata, od dawna już obdarzonego oceanem miłości, cieszyć się nim, czule przemawiać do swojego „Tadzieńka, Tadziuchny kochanej", wygłupiać się, brać na ręce. Oto wymarzony, ukochany brat, któremu on, Antek, przekaże niedługo swoje miecze, którego wszystkiego nauczy. Tadzio oczywiście tylko jadł i spał, spał i jadł, jak to noworodek. Wystarczyło jednak, że zaczął płakać, i Antek momentalnie zjawiał się przy nim:

– Mamo, Tadzio płacze! Mamo, Tadzio się obudził! Mamo, chodź do Tadzia!

Kilka razy Antek musiał jeszcze pojawić się na badaniach i konsultacjach w przychodni, w której przyjął ich profesor. To oczywiście nic przyjemnego, ale samą wyprawę z mamą do odległej dzielnicy mógł nazwać niemal przygodą w porównaniu z niedawnymi przejazdami karetką ze szpitala do szpitala. Tuż za drzwiami mieszkania wpadał niemal na mknące spiralą w dół, kusząco wypolerowane, świecące ramię poręczy schodów. Trudno, żeby nie skorzystał z zaproszenia. Ciekawą samą w sobie jazdę taksówką po ulicach Warszawy urozmaicała rozmowa z kierowcą. Chodnik prowadzący do przychodni pokrywały tu i ówdzie małe ślizgawki, w które mróz zamienił kałuże, a każde spojrzenie za siebie utwierdzało w pewności, że cały czas jest w zasięgu uśmiechu mamy. Czego chcieć więcej?

Zimowa sielanka urywała się w chwili wejścia do przychodni. Szare wnętrze, w którym wybijały się dwa kolorowe, jarzące się ciepłym światłem automaty do sprzedaży napojów i słodyczy, wypełniał tłum ludzi. Musieli przygotować się na męczące godziny oczekiwania. Najpierw szli do rejestracji ogólnej, żeby wyciągnąć kartę pacjenta. W tej kolejce czekają wszystkie dzieci – i te z nowotworem, i te z katarem. Pół godziny pod okienkiem i z pobraną kartą mogli udać się pod gabinet onkologów. Tu zaczynało się prawdziwe czekanie. W ciemnym, wąskim, zatłoczonym korytarzu spędzali co najmniej godzinę, najczęściej dwie, raz, na dzień przed Wigilią, nawet cztery, po których i tak nie zostali przyjęci. Choć tuż za korytarzem znajduje się (można by nawet powiedzieć, że się rozciąga) obszerniejszy hol, w którym teoretycznie czekałoby się wygodniej, nie widać jednak stamtąd drzwi gabinetu, w których co jakiś czas pojawia się pielęgniarka i wywołuje pacjentów według sobie tylko znanej kolejności. Lepiej więc ustawić się w bezokiennym korytarzu. Jest tłoczno, miejsca siedzące z reguły są zajęte, Antek starał się znaleźć jakieś dla mamy. Kiedy mu się to udało, nic nie mówił, ale wystarczyło spojrzeć na niego, by zobaczyć, jak promienieje dumą. Czas skracał sobie rozmowami z Dorotą. Pytał o ludzi i mnóstwo rzeczy zauważanych wokoło. W końcu pielęgniarka wzywała go do gabinetu, a w gabinecie lekarz wypisywał skierowanie na badanie. Szli do szatni, ubierali się, wychodzili z budynku. Kończyła się pierwsza część wizyty.

Przechodzili do budynku, w którym mieszczą się pracownie, i znowu zaczynało się czekanie. Podobnie ponury, bezokienny korytarz, ale ludzi dużo mniej. Starszym dzieciom rodzice przyciszonymi głosami tłumaczyli, że to już na pewno niedługo potrwa, młodsze, mniej podatne na wyjaśnienia, trzeba było po prostu uspokajać. Co jakiś czas, kłując strachem, na korytarz przebijał się płacz badanego dziecka. W końcu czekanie kończyło się, Antek wchodził na badanie, które z reguły nie trwało długo.

Pozostawało jeszcze poczekać na opis, zanieść go do przychodni i już bez kolejki podać lekarce. Mogli wrócić do domu.

Na korytarzu przychodni, czekając w kolejce na badanie, byli tylko gośćmi. Przychodzili z zewnątrz, z innego świata – obok nich siedziały zjeżdżające windą z oddziału onkologicznego blade, wychudzone, łysogłowe dzieci i ich matki. Na tym oddziale byli raz, kiedy profesor zlecił im zrobienie markerów. Boksy, w każdym po dwoje dzieci, wszystkie łyse, w powietrzu unosił się charakterystyczny, wszechogarniający zapach chemii. Przerażający, zupełnie odmienny od ich „zwykłego" szpitala świat. Oby te badania już się skończyły. Oby już było za rok.

W tym czasie Antek parę razy musiał zostać na kilkudniowe badania w „zwyczajnym" szpitalu. Kiedy pewnego dnia Dorota wyszła od synka i z niezmiernym zdumieniem spostrzegła, że wokół zaczyna się wiosna, dopadła ją natarczywa myśl: *Boże, kiedy to wszystko się skończy? Kiedy będę mogła iść tak po prostu i nie myśleć o tych wszystkich rzeczach: że w domu czekają dzieci, a Antek leży w szpitalu.*

A przecież, dzięki Bogu!, chodziło o „normalny" szpital. Niemniej – życie wracało do jakiejś normy, kręciło się wokół śpiącego w koszu Tadzia. Antek nie musiał leżeć w szpitalu, zaczęła się wiosna, nikły lęki z jesieni i zimy. Chłoniak – co za straszne przypuszczenie. Gdyby to był chłoniak, Antek nie byłby w stanie wbiec na Wieżę Mariacką, kiedy w maju pojechał z dziadkami i Marysią do Krakowa. A przecież wbiegł, ma nawet zdjęcie w czapce strażackiej i z trąbką przy ustach. Nie wchodziłby sam na trzecie piętro, nie biegałby, nie jeździłby na rowerze, nie wspinałby się na drzewa, nie wdrapywałby się z Marysią na daszki na placu zabaw, nie grałby w piłkę. Owszem, był słabszy, czasem musiał się położyć, ale kładł się, odpoczął, wstawał i wszystko wracało do normy. Zwyczajny chłopiec. Nie bywał może zbyt często w przedszkolu, ale przecież nic dziwnego, po takiej kuracji, po tylu pobytach w szpitalu był jednak osłabiony.

Tak upłynęły cztery miesiące. W maju Antek miał dzień szczególnie ciężki – strasznie jęczał, wszystko sprawiało mu trudność, wyglądał na bardzo zmęczonego. Coś tu nie grało. Podejdź, pokaż się, Dorota pochyliła się nad Antkiem – niemal odpływał, usta miał bielusieńkie. Znów poczuła nagłe ukłucie strachu. Szybko, jak najszybciej niech przyjeżdża taksówka, wpakowała do niej wszystkie dzieci, nie miały przecież z kim zostać, i pędem pojechali do szpitala. Dwa razy samochód musiał się zatrzymać, bo Antek wymiotował.

Marysia, Róża i Tadzik wrócili do domu z mamą Doroty. Ona sama została z Antkiem w szpitalu – to niesamowite, że z taką morfologią chłopiec w ogóle mógł chodzić, konieczna była transfuzja krwi. Lekarze chyba już podejrzewali, co jest powodem takiego osłabienia, położyli Antka w osobnej sali, żeby nie złapał żadnej infekcji, zamknęli oddział, nie przyjmowali nowych pacjentów. Przeprowadzili szczegółowe badania, w tym USG. Radiolog, świetny specjalista, nieprzyjemny człowiek, bardzo dokładnie zbadał brzuch chłopca. Zapytał, pod czyją Antek jest opieką.

– Doktora takiego i takiego. – Odwrócił się do asystującej pielęgniarki:

– Proszę natychmiast wezwać go do mnie.

Dorota stała obok: – Czy coś się dzieje?

– Proszę pani, ja jestem usługodawcą w stosunku do lekarzy. Z nimi będzie pani rozmawiała.

W ogóle prawie się nie odzywał, podpytywał tylko półsłówkami, od kiedy Antek jest leczony, czy był konsultowany itd. Przyszedł wezwany lekarz. Radiolog wyprosił Dorotę, zamknął się z nim na rozmowę. Burzliwą, zdaje się. Potem przyszedł chirurg, który wycinał Antkowi wyrostek. Po wyjściu unikał wzroku Doroty, ona chciała go zatrzymać, porozmawiać, on powiedział tylko:

– Do widzenia.

Nie mogło być wątpliwości – działo się coś niedobrego, ale przecież profesor onkologii, sława ogólnopolska, stwierdził, że to nie jest nowotwór. Poszła na górę do lekarzy.

– Proszę pani, nasz radiolog uważa, że to jest chłoniak, ale to niemożliwe. Po pierwsze dlatego, że dzieci nie mogą przeżyć tak długo z takim nowotworem. Po drugie dlatego, że badania wykazują coś innego (tylko co?!), po trzecie, konsultujący Antka profesor onkologii stwierdził, że... itd. Przewieziemy was teraz do szpitala onkologicznego, ale właściwie tylko po to, żeby potwierdzić, że to nie jest nowotwór. Niestety, ciągle nie wiemy, co to jest, ale wiemy, że to nie nowotwór.

– Dobrze, jedźmy, nich onkolodzy potwierdzą, że nie jest.

Po kilku dniach karetka zawiozła Antka do szpitala dziecięcego z oddziałem onkologicznym. Nie, nie skierowali go na onkologię – tam leżą dzieci leczone, ze zdiagnozowanym nowotworem. Dzieci z podejrzeniem leżą na hematologii. Badania, konsultacje z onkologami i chirurgami trwały kilka dni, po których nastąpiła rozmowa z ordynatorem chirurgii. Spokojny, bardzo rzeczowy, trzymający dystans człowiek, wysoka klasa.

– Proszę pani, my nie wiemy, co to jest. Nikt nie wie. Nie będziemy w stanie niczego powiedzieć, dopóki nie otworzymy brzucha, nie obejrzymy i nie pobierzemy tkanek do badania histopatologicznego. Trzeba otworzyć brzuch, żadnych biopsji, żadnych nakłuć. To ciężka operacja, tym bardziej, że guz jest bardzo niekorzystnie usadowiony.

Minęło jeszcze kilka dni badań, po których Antek przewieziony został na salę operacyjną. Sympatyczny anestezjolog zapytał z uśmiechem:

– No, Antek, jaki sen sobie zamawiasz?

– O rycerzach.

– Dobrze, będzie o rycerzach.

Zaczęła się trwająca cztery godziny operacja. Dorota i Sebastian czekali na korytarzu z maleńkim Tadziem. Pierwsza z sali wyszła lekarka-onkolog, kłębek emocji. Nie operowała, co jakiś czas chirurdzy prosili, żeby obejrzała to, co oni otworzą, krążyła więc między salą operacyjną i oddziałem. Widząc Dorotę i Sebastiana z Tadziem zaczęła od ostrej reprymendy:

– Jak można z maleńkim dzieckiem do szpitala, tu przecież pełno zarazków, zagrożeń.

– A Antek?

– Bardzo źle to wygląda, wszystko powiem później, po operacji.

Pobiegła na górę, na onkologię. Później wyszła chirurg, starsza, sympatyczna pani:

– Proszę państwa to jest stary, rozrośnięty chłoniak. Bardzo stary, bardzo rozrośnięty. Zupełnie nietypowy przebieg (to zresztą później, jakby na usprawiedliwienie, wszyscy będą powtarzali). I jedyna nadzieja właśnie w tym, że on jest tak stary, może nawet obumarły, łatwiej będzie go leczyć. Młode chłoniaki są bardzo agresywne, szybko zabijają. Ten długo rósł, Antek żył z nim od dawna. Bardzo nietypowy przebieg.

Słuchali tego, płacząc, przerażeni.

Co mogli powiedzieć?

Co lekarka mogła jeszcze dodać?

Jedyne, co mogła, to obrócić ich jedno do drugiego i delikatnie pchnąć ku sobie, żeby się przytulili. Potem jeszcze wybiegła z sali pani onkolog:

– Proszę państwa, czegoś takiego ja jeszcze w życiu nie widziałam, nie widziałam dziecka, które by z czymś takim przeżyło. Porozmawiamy później.

Znów pomknęła na górę, na onkologię.

Właśnie się dowiedzieli, że to jednak chłoniak, że ich dziecko jest chore na raka.

Kiedy kilka tygodni wcześniej Dorota siedziała z Antkiem w poczekalni przychodni, z oddziału onkologicznego zjechała matka z synem na wózku. Chłopiec mógł mieć jakieś siedemnaście lat. Trudno właściwe opisać, jak wyglądał, niewiele go zostało. Łysy, oczy podkrążone, przygarbiony. Wysoki wzrost uwydatniał jeszcze jego przeraźliwą chudość. Ich wyjście z windy przytłumiło na chwilę rozmowy w poczekalni, na obojgu zawisły przerażone, bezradne, pełne współczucia spojrzenia wszystkich rodziców zdradzające jedną myśl: *tak wygląda człowiek skazany, człowiek bez szans*.

Matka i syn zdawali się tego nie dostrzegać. Rozmawiali zupełnie normalnie, ona sprawiała wrażenie osoby całkowicie opanowanej, pogodnej.

Jeżeli w myślach można by mówić głośniej lub ciszej, to spośród trzech myśli, które w tym momencie przebiegły Dorocie przez głowę, pierwsza wypowiedziana zostałaby głosem normalnym, z nutą zdziwienia, podziwu i lęku: *Skąd ta kobieta bierze siłę? Jak sobie daje radę?*

Druga zabrzmiałaby głośniej, mocniej, stanowczo: *Boże, nie daj mi nigdy tego doświadczyć.* Trzecia z kolei przebiegłaby szybkim szeptem, niemal niedosłyszalnym, jakby znała tę myśl Doroty sprzed kilku miesięcy, sprzed telewizora i bała się ciężaru słów, które ze sobą niesie: *Ale jeżeli już tego zechcesz, to bądź ze mną, trzymaj mnie za rękę.*

Więc teraz i oni dowiedzieli się, że są rodzicami dziecka chorego na raka, ona stała się matką taką jak ta widziana wtedy przelotnie na korytarzu (z tą oczywiście różnicą, że Antek nigdy nie będzie wyglądał tak jak tamten chłopiec, co do tego oboje nie mieli najmniejszych wątpliwości). Moment, kiedy tuż po operacji siedzieli z Sebastianem w ogródku szpitala i płakali, płakali, płakali, Dorota przypominała sobie za każdym razem, kiedy później wchodząc do szpitala, do Antka mijała rodziców, którzy właśnie się dowiedzieli, płaczących jak oni wtedy. I zawsze, zawsze na nowo targał nią ten sam ból i przyduszał ten sam dławiący lęk.

Rozpoczęła się też wtedy trwająca przez cały okres choroby Antka troska wielkiej rzeszy znajomych (także takich, z którymi wcześniej nie łączyły Sebastiana i Doroty szczególne więzy przyjaźni) telefonujących, ślących krzepiące, podtrzymujące na duchu maile i esemesy. Zapewniających o modlitwie, informujących o kolejnych Mszach św. odprawianych w intencji chłopca, proszących choć o krótką informację o jego stanie. Zapewniających o stałej gotowości pomocy. Ilość krwi, którą oddali, kiedy była potrzebna dla Antka, wprawiła lekarzy w zdumienie.

Po operacji przez chwilę widzieli Antka, kiedy wieziono go, uśpionego, na blok pooperacyjny. Leżał tam sam, goły, w pieluszce. Mowy nie było, żeby mogli podejść do niego rodzice. Mogli jedynie czuwać na korytarzu i poprosić pielęgniarkę o przekazanie synkowi rysunku Marysi, o powieszenie nad łóżkiem obrazka Matki Bożej. Podejść nie mogli. To bolało. Bolało to, że kiedy wybudzał się i wołał mamę, ona nie mogła do niego podejść. Bolało to, że kiedy prosił pielęgniarkę o pomoc, nie otrzymał jej – zaraz, teraz nie mam czasu. Bolało to, że musiał się wstydzić leżenia w samej pieluszce, prosić rodziców, żeby nie patrzyli – on, duży, pięcioletni chłopiec, a leży w pieluszce. Bardzo go to krępowało.

Wiadomo już było, że to chłoniak, wiadomo było, co leczyć. Następny krok to rozpoczęcie chemioterapii. Na onkologii dziecięcej nie czeka się z niczym. Jest decyzja, że tniemy – to tniemy, jest decyzja, że podajemy chemię – podajemy chemię. Antek musiał tylko dojść do siebie po operacji. Po dwóch dobach przewieźli go na oddział chirurgii, gdzie leżał jeszcze tydzień. Tam już mogli wejść rodzice.

W tym okresie, jeszcze przed rozpoczęciem chemii, po raz pierwszy odwiedził Antka ksiądz Jan – spowiednik Doroty. Pracował w szkole założonej przez rodziców związanych z Opus Dei, przy której mieściło się przedszkole Antka. Poznał chłopca kilka miesięcy wcześniej, wiedział, że był operowany, zapytał, czy może go odwiedzić. Przed wyjściem z domu zastanawiał się, co może ofiarować chłopcu. Nie miał wcześniej kontaktu z dziećmi chorymi na raka. Szukał jakiejś książki, ale jaką książkę można dać pięciolatkowi, który przecież i tak nie potrafi czytać? Na półce obok leżał mały, czarny krzyżyk. Ksiądz Jan wsadził go do kieszeni, włożył kapelusz i wyszedł. W holu szpitala czekała Dorota, wprowadziła księdza na oddział.

Na chirurgii pojawienie się księdza w sutannie nie zrobiło wrażenia. Dopiero później, na onkologii, w tym zupełnie innym świecie, na oddziale, po którym krąży śmierć, z początku na jego widok rodzice z dziećmi będą zamykać się w salach. Trochę potrwało, zanim się z tym widokiem oswoili.

Kiedy już Antek zapoznał się z księdzem i przymierzył jego kapelusz, ksiądz Jan wyjął z obszernej kieszeni sutanny krzyżyk:

– To dla ciebie. Zobacz, ja mam taki sam. W ciężkich chwilach biorę go, całuję i mówię: Jezu, ufam Tobie. Ty rób tak samo, kiedy będzie cię bolało, kiedy będziesz cierpiał, bierz krzyżyk, całuj i powtarzaj: Jezu, ufam Tobie. To bardzo prosta modlitwa, ale Pan Bóg jej oczekuje. Widzisz, Antek, mam nadzieję, że wyzdrowiejesz, będę się o to modlił, ale musisz wiedzieć, że twoje cierpienie jest bardzo cenne, świat go potrzebuje. Na pewno masz jakieś swoje intencje, ja zaraz opowiem ci o moich. Módl się, Antek. Świat tego potrzebuje.

Nigdy nie wiadomo, jak dziecko przyjmie to, co się do niego mówi. „Zdejmuj buty", „usiądź prosto", „bądź grzeczny", „zjedz wszystko", „załóż czapkę", to rób, bo to, tamtego nie, bo owo. Nie wiadomo, co w dziecku zostanie.

Krótka wizyta księdza Jana – nigdy zresztą nie przychodził na dłużej niż pół godziny

– proste słowa musiały zrobić na Antku wrażenie. Nie skomentował ich, ale od tej chwili nigdzie się nie ruszył, niczego nie dał sobie zrobić bez krzyżyka. Nie zważając na początkowo oniemiałe pielęgniarki, zszokowanych lekarzy, nieco skrępowaną Dorotę, całował krzyżyk, mocno zaciskał go w pięści i powtarzał: Jezu, ufam Tobie. Z czasem pielęgniarki przyzwyczaiły się, zobaczyły, że mu to pomaga.

– Antek, masz swój krzyżyk? Masz? To go pocałuj – mówiły spokojnie, nie okazując ironii czy dezaprobaty.

Mały, czarny krzyżyk od księdza Jana stał się krzyżykiem szpitalnym. Leżał zawsze na szafce obok łóżka, towarzyszył Antkowi wszędzie i przez cały czas. Kiedy Antek wychodził na przepustki, pakował go razem z innymi przedmiotami szpitalnymi do pudełka-autobusu i nie wyjmował, w domu nie było takiej potrzeby. Chyba że przyszedł ksiądz Jan i spytał, czy ma krzyżyk. W szpitalu jednak musiał mieć go zawsze pod ręką. Jeśli przed rezonansem czy tomografią komputerową należało odłożyć krzyżyk – nie można mieć przy sobie metalowych przedmiotów – całował go, oddawał Dorocie na przechowanie, lecz po zabiegu od razu pytał:

– Mamo, gdzie jest krzyżyk?

Kilka razy zdarzyło się, że w pośpiechu zapomnieli krzyżyka. Wtedy ktoś szybko musiał zawrócić i przynieść go Antkowi. Inaczej nie pozwalał się dotknąć.

Dość wspomnieć standardowy zabieg, jakim jest nakłucie rdzenia kręgowego po każdej chemii, kiedy trzeba pobrać pod narkozą płyn mózgowy, żeby sprawdzić, czy nie ma przerzutów do szpiku. Antek wiedział, że go poproszą do gabinetu, szedł z Dorotą, w ręce trzymał krzyżyk. Kładł się na łóżku, pani doktor dokładnie opowiadała mu, jak go uśpi, on jedną ręką trzymał rękę Doroty, w drugiej ściskał krzyżyk. Kiedy się bał – całował go, kiedy nie – śpiewał piosenki. Usypiał, lekarz prosił Dorotę, żeby wyszła. Musiała pamiętać, żeby wychodząc, zabrać krzyżyk, bo może zginąć, i kapcie Antka.

Zadziwiało Dorotę, że Antek nigdy nie odrzucił krzyżyka. A przecież zdarzały się chwile, kiedy zostawał zupełnie sam, kiedy na nikogo nie mógł liczyć. Nawet na mamę, która czasem podczas bolesnego zabiegu, kiedy on rozpaczliwie się bronił, zdradzała, przechodziła na stronę lekarzy: – Koniec, Antek, nie mamy wyjścia – i przytrzymywała go. (To pewnie dlatego pewnego ranka, kiedy Dorota przyszła do szpitala, żeby zmienić Sebastiana, który musiał iść do pracy, Antek zaczął krzyczeć: – Tato, nie odchodź! Ja nie chcę być z mamą! Udała, że nie tego słyszy, ale poczuła ból, jakby ktoś przejechał skalpelem po jej sercu).

Po takim zabiegu Antek biegł z krzyżykiem na łóżko, zacięty, pełen złości, nie odzywał się, nie pozwalał się dotknąć, ale nigdy nie powiedział: Zabierzcie ten krzyżyk ode mnie. To nic nie daje. Jakże wdzięczni byli księdzu Janowi za to, że dał chłopcu taką broń.

Zdarzyło się, że Antek w tej złości powiedział:

– Mamo, to wszystko przez Pana Boga. Pan Bóg chciał, żebym cierpiał, i ja przez Niego tak cierpię (nie: dla Niego, a: przez Niego).

Jeśli można mówić o chwilach, kiedy widać było jakieś prowadzanie, popychanie do przodu, to ta właśnie była taką. Bo Dorota wiedziała, co odpowiedzieć, była przygotowana. Kilka dni wcześniej, tuż po zawaleniu się hali targowej w Katowicach, znów przypadkowo włączyła telewizor i usłyszała słowa pewnego zakonnika: *w tym sensie stało się to przez Pana Boga, że o życiu i śmierci decyduje On.* Odpowiedziała:

– Tak, Antek, to przez Pana Boga. On ciebie wybrał. Podczas męki, ubiczowany, umęczony, wyśmiany, opluty szedł z krzyżem i zobaczył, że stoisz przy drodze. Popatrzył na ciebie i zapytał, czy pomożesz Mu nieść krzyż i przyjmiesz to cierpienie.

I Antek w tym swoim buncie i bólu odpowiedział: tak. Raz już spotkał takiego Pana Jezusa, wiedział więc, o czym mama mówi. Dużo wcześniej, kiedy jeszcze mieszkali na Wolskiej, babcia zabrała Marysię i jego do kościoła św. Wojciecha na drogę krzyżową. Stanęli przed sceną obnażenia z szat. Długo się jej przyglądał. Kiedy odchodzili, spojrzał na babcię:

– Widzisz, babciu, jaki Pan Jezus był biedny? Jak go to bolało? Strasznie był biedny i się wstydził.

Podobno takie wczucie się jest typowe dla dzieci w wieku około czterech lat.

Po tym „tak" Dorota odetchnęła z ulgą: po pierwsze dlatego, że przyjął te słowa, po drugie dlatego, że ona nie bała się ich wypowiedzieć.

Ksiądz Jan wtedy jeszcze nie odwiedzał Antka często, przychodził mniej więcej raz na dwa tygodnie. Od początku rozmawiał z nim poważnie o chorobie i cierpieniu. W ten sposób rodziła się ta niezwykła relacja między chorym na raka pięciolatkiem i odwiedzającym go księdzem. Musiała być ważna dla chłopca, skoro Antek, który nigdy nie był wylewny, zwrócił się kiedyś do rozmawiającej przez telefon z księdzem Janem Doroty:

– Mamo, powiedz księdzu Janowi, że go kocham.

Więc ona:

– Antek mówi, że księdza kocha.

Po drugiej stronie dało się wyczuć lekkie zaskoczenie:

– Tak? Mówi, że mnie kocha?

Później, w czasie odwiedzin u Antka, który po kolejnej chemii był słabszy i szybko się położył, ksiądz podszedł z Dorotą do okna:

– Powiedz mi, czy on rzeczywiście tak powiedział? Sam od siebie, czy ty mu zasugerowałaś?

– Nie, sam od siebie, oczywiście.

Dorota zobaczyła wtedy, jeden jedyny raz, łzy w oczach księdza Jana. Później już nigdy, chociaż było aż nadto okazji do płaczu.

Po tygodniu od operacji można było zacząć pierwszą chemię. Antek został przeniesiony piętro wyżej, na oddział onkologii. Razem z Dorotą i Sebastianem weszli w zupełnie inny świat, mimo że mieli już przecież do czynienia z różnymi szpitalami. Tu śmierć gości jeśli nie co dzień, to na pewno co tydzień. Cały oddział wypełnia nieustanny straszliwy ból. Na małej sali na łóżkach leżą dzieci, pod łóżkami, w przejściu śpią rodzice – żyje się z dzieckiem w szpitalu. Nie chodzi tylko o podtrzymywanie psychiczne, ale o konkretną opiekę, jakiej wymaga ciężko chore dziecko przyjmujące leki wywołujące silne skutki uboczne – biegunki, mdłości, wymioty, bóle głowy, zapalenia jamy ustnej, problemy z przyjmowaniem pokarmów, silne wahania nastrojów – od agresji do apatii.

Na onkologii żyje się razem.

Ludzie z całej Polski zostają wyrwani ze swoich domów i szpital na długie tygodnie czy miesiące staje się całym ich światem. Wprawdzie Dorota i Sebastian nigdy nie stali się stuprocentowymi rodzicami szpitalnymi – mieszkali w Warszawie, niedaleko szpitala, codziennie wracali więc do domu – musieli jednak podobnie jak inni nauczyć się żyć i poruszać w nasiąkniętej chorobą i śmiercią atmosferze, wśród przeróżnych nawyków i przyzwyczajeń innych. Trzeba zostać zaakceptowanym, wejść w krąg towarzyski. Niektórzy chętnie pomogą nowym, inni będą patrzeć na potknięcia – my musieliśmy, niech i oni się pomęczą.

Z reguły dziecku cały czas towarzyszy jeden rodzic. Przy Antku w dzień czuwała Dorota. Wieczorem musiała wrócić do domu nakarmić Tadzia. W szpitalu na karimacie nocował Sebastian. Kończył pracę późno i choć Antek dzielnie walczył ze snem, rzadko udawało mu się doczekać przyjścia taty. Kiedy się budził, zazwyczaj przy łóżku zastawał mamę, która przychodziła o ósmej, żeby Sebastian mógł pójść do pracy.

W pierwszych dniach pobytu na oddziale spłoszeni obserwowali, co się wokół dzieje. Weterani – rodzice i dzieci – patrzyli na nich z tą pewnością siebie, jaką daje pogłębiona znajomość miejsca i sytuacji. Niektórzy dodawali otuchy, jak ten ojciec szesnastolatka z Suwałk, chłopca, który przyjechał z nawrotem chłoniaka. Kiedy patrzyli na tego wesołego, pewnego siebie mężczyznę, który mówi, że wszystko będzie dobrze, Antek jest pod opieką świetnej lekarki, on to wie, przecież ich leczyła, teraz przyjechali z nawrotem, ale spokojnie, wyjdą stąd zdrowi, zresztą muszą niedługo wracać, bo przygotowują ślub córki – od razu robiło im się raźniej. Chłonęli tak potrzebne wtedy krzepiące słowa silnego ojca, pełnego nadziei i woli walki.

Trzy miesiące później Dorota spotkała go pod drzwiami gabinetu zabiegowego. Słyszała już, że jego syn umiera na grzybicę układu pokarmowego, powikłanie częste przy chemii. Dalsze leczenie nie miało sensu, pakowali się, wracali do Suwałk pod opiekę hospicjum. Mężczyzna siedział na dziecięcym, kolorowym krzesełku (oddział onkologii wyposażony jest bardzo ładnie i kolorowo) wychudły, z zamkniętymi oczami. Siwy, siwiuteńki. Dorota ze zgrozą uświadomiła sobie, że kiedy pierwszy raz rozmawiali, był najwyżej lekko szpakowaty. Bała się podejść. Patrzyła tylko: *Boże, co ten człowiek teraz czuje? To musi być koszmar.* Przez myśl jej nie przeszło, że kiedyś to ona może tak siedzieć, a ktoś, patrząc na nią, pomyśli to samo. W końcu przełamała się, podeszła:

– Jak syn? – spytała.

– To koniec – odpowiedział.

Sparaliżował ją strach.

Skończył się czerwiec, zaczął lipiec, w szpitalu Antek obchodził piąte urodziny. Dostał pierwszy cykl chemii (każdy trwa tydzień). W miarę nieźle go przeszedł, po dwóch tygodniach przerwy mógł zacząć drugi. Chłoniak trochę się zmniejszył, ale nie wszedł w remisję. Spokojnie – tłumaczyli sobie Dorota z Sebastianem – guz nie reaguje na chemię, bo jest stary i obumarły, to jasne. Gdyby żył, reagowałby. Grunt, że się zmniejszył, nieznacznie, ale się zmniejszył, więc – spokojnie, wejdzie w remisję.

Po drugim cyklu chemii Antek czuł się wyjątkowo źle, tak bywa. Leżał na sali z dwoma chłopcami, którzy praktycznie zakończyli już leczenie, za jakieś dwa tygodnie będą mogli wrócić do domów. Czas skracali sobie nieustannym oglądaniem telewizji i grą w play-station.

Na onkologii współczucie spotyka się rzadko. Ani tych chłopców, ani ich mam nie interesował trzeci, który właśnie przyjął cykl chemii, a leżał tuż pod telewizorem. Domyślnie przyjmuje się założenie – myśmy to przeszli, przejdzie i on. Antek prosił, płakał, błagał, żeby wyłączyć telewizor, bo on już nie może, głowa mu pęka. Dorota kolejny raz, kryjąc bunt i złość, starała się wytłumaczyć chłopcom – rodzicami dawno już przestała się przejmować – że telewizor nie może być włączony non-stop, niech wybiorą sobie jakieś programy i niech go czasem wyłączą, niech będą troszeczkę ciszej. Ale jak długo można się tak bawić? Ilekroć Dorota wyszła z sali zrobić herbatę, po powrocie zastawała chłopców grających nad Antkiem w play-station lub wpatrzonych w ekran.

Szpitalną rzeczywistość łagodziła jedynie myśl, że niedługo będzie mógł wyjść na przepustkę, pojedzie do Urli i spotka się z Joachimem. Ta perspektywa napełniała go szczęściem absolutnym.

Opisać Urle Antka to opisać świat.

Na wyjazd czekał cały rok, cały rok planował, gdzie i w co się będzie bawić. Cały rok marzył o gruntownym poznaniu tajemniczego, zarośniętego pokrzywami rowu tuż za domkiem, pełnego zadziwiających przedmiotów wyrzuconych na złom z całej okolicy – miejsca niezbyt bezpiecznego i dlatego fascynującego. Cały rok planował otwarcie mieszczącego się na skraju werandy domu muzeum zdechłych owadów i zaprezentowanie nieustannie poszerzanych zbiorów: os, żuków, chrząszczy, chrabąszczy i szerszenia – chluby kolekcji.

Wszystko to Antek planował z Joachimem, swoim najlepszym przyjacielem.

Poznali się właśnie w Urlach, gdzie obie rodziny mają domki niedaleko siebie. Innych dzieci w ich wieku praktycznie tam nie było, skazani więc niejako jeden na drugiego, bardzo mocno przylgnęli do siebie. Łączyły ich wspólne im tylko znane i nie cierpiące zwłoki sprawy, dlatego często w letni poranek, kiedy lał deszcz, można było zobaczyć Joachima, jak w kaloszach i w żółtym płaszczu przeciwdeszczowym wspina się na zamkniętą jeszcze furtkę sąsiadów, żeby zacząć dzień z Antkiem.

Tamtego roku niecierpliwe oczekiwanie na wyjazd do Urli – Joachim już tam przyjechał i czekał na Antka – potęgowała jeszcze perspektywa (i konieczność!) wspólnego odkopania ukrytego rok wcześniej nad Liwcem skarbu, złożonego w większej części z zardzewiałego żelastwa. Razem zakopali go u schyłku poprzednich wakacji, odmierzyli kroki, sporządzili mapę, oznaczyli miejsce. Nie było więc mowy, żeby akcję wydobywczą podjął tylko jeden z nich. Albo zrobią to wspólnie, albo skarb na zawsze pozostanie w ziemi. Stąd przyjazd Antka do Urli stawał się kwestią pilną i wydarzeniem wyczekiwanym.

Antek mógł wyjść na przepustkę tylko dlatego, że mieszkał niedaleko szpitala. Inaczej o wyjściu nie miałby co marzyć.

Mniej więcej po pięciu dniach od zakończenia cyklu chemii dziecko zaczyna bowiem tracić siły i wszelkie możliwe przeciwciała, a zatem jakąkolwiek odporność. Zatruty, słabiutki organizm wymaga stałej obserwacji i kontroli. Jeśli jednak dziecko mieszka blisko szpitala, tych kilka dni między zakończeniem cyklu chemii i zupełnym osłabieniem może spędzić w domu – pani doktor zgadza się na to, żeby nieco podbudować je psychicznie.

Tak więc Antek był jednym z tych nielicznych szczęściarzy, którzy choć na chwilę w trakcie leczenia mogą opuścić szpital. I wtedy, jak to często bywa, pojawiło się zasadnicze, tym boleśniejsze, bo niespodziewane „ale".

Wyjść na przepustkę do domu owszem mógł, ponieważ mieszkał niedaleko. Ale wyjechać? Poza Warszawę? Na kilka dni? Wykluczone. Mowy nie ma. Absolutnie nie. Nigdy nie wiadomo dokładnie, jak organizm dziecka zareaguje na chemię. Kompletna utrata sił może nastąpić w każdej chwili, a wtedy Antek natychmiast będzie musiał znaleźć się w szpitalu. Nie pomogły zaklęcia i płacz Antka, który sam próbował prosić lekarzy, albo wysyłał Dorotę, żeby przyprowadziła panią doktor. Wszystko na nic.

Z trudem doszedł do siebie po rozpadzie wypielęgnowanej, z wyprzedzeniem w najdrobniejszych szczegółach zaplanowanej wizji wyjazdu do Urli. Oczywiście bardzo cieszyła go myśl o wyjściu ze szpitala i powrocie do domu, zaprezentowaniu Róży specjalnie dla niej zbieranych plastikowych fiolek na krew, rurek do podawania chemii i strzykawek. Przede wszystkim jednak w Warszawie została mama z Tadziem, a powrót otwierał perspektywę zabaw na podwórku, na ulubionym drzewie, placu zabaw, w tajemniczych zakamarkach. Takich samych jak rok wcześniej, tuż po przeprowadzce na Mokotów, kiedy Marysię i Antka całkowicie pochłaniało poznawanie nowego miejsca, a zmęczenie nie miało do ich świata przystępu. Teraz Antek wrócił na podwórko wyraźnie zmieniony – chudszy, łysiejący, dużo słabszy. Chodził wolniej, szurając klapkami po chodniku. Kiedy więc podczas pierwszego spaceru wszedł jednak na ulubione drzewo i, zwisając na rękach, z dumą zawołał: – Widzisz, mamo, jaki jestem silny? Dorota szczerze musiała mu przyznać – faktycznie, był to wyczyn.

Łysiał już wtedy. Dorota bała się momentu utraty włosów – jak to brzydnącemu dziecku wytłumaczyć. Pojechała z nim w czasie tej przepustki do znajomych, w czasie obiadu włosy zaczęły wpadać mu do zupy. Nie przejął się, otrzepał koszulkę: – Nie będę jadł tej zupy, pełno w niej włosów. Odstawił talerz, pobiegł bawić się do ogrodu.

Łysienie nie robiło na nim wielkiego wrażenia. Na innych – owszem. Kiedy Joachim zobaczył w Urlach zdjęcie łysego Antka, dokonał czynu rycerskiego: ofiarował przyjacielowi swój kapelusz. Ten gest stanowił dla niego bardzo duże wyrzeczenie z dwóch powodów. Po pierwsze dlatego, że podarował mu go wujek – żołnierz ranny w Iraku, kapelusz był więc wyjątkowy, żadna podróbka kupiona w sklepie. Po drugie – Joachim w ogóle raczej rzadko dostaje prezenty, jego rodzice nie są zamożni. Antek na widok kapelusza, który Dorota przywiozła z Urli do Warszawy, zaniemówił z wrażenia wobec gestu olbrzymiej przyjaźni Joachima i rzeczywiście fantastycznego prezentu. Oczywiście chodził w nim wszędzie – po domu, szpitalu, podwórku. W lecie, na jesieni, w zimie; czy potrzeba, czy nie. Czasem tylko zdejmował, kiedy przeszkadzał mu w zabawie.

Tego lata bardzo tęsknił za jakimś towarzystwem na podwórku, wszyscy koledzy wyjechali przecież na wakacje. Na dachu domku na placu zabaw spotkał kiedyś nieznajomego chłopca. Już, już mieli podjąć jakiś wspólny plan, kiedy Antek machinalnie zdjął kapelusz. Nieznajomy na widok łysej głowy stanął jak wryty, stracił pewność, czy chce się bawić, czy nie. W końcu jednak, kiedy Antek zaczął z nim rozmowę, przełamał się, ale widać było ten moment wyhamowania, nieufności – co to za chłopiec?

W ciągu tych kilkunastu dni spędzonych w domu z mamą i Tadziem między drugą i trzecią chemią Antek wyraźnie się uspokoił, rozpogodził. Lubił siedzieć w rozświetlonej letnim słońcem kuchni i mówić, pytać, opowiadać coś zajętej pracą mamie, być blisko niej. Był szczęśliwy, choć w rozmowach stale przewijała się gorzka myśl o konieczności powrotu do szpitala. Czekał go trzeci z sześciu w sumie cykli chemioterapii, miał za sobą prawie połowę leczenia.

– Ale przecież – stwierdził na kilka dni przed końcem przepustki – wy jesteście moimi rodzicami, wy mnie kochacie. Dlaczego nie możecie uciec ze mną daleko od szpitala, żebym już nie musiał wracać, żeby mnie nie kłuli? Dlaczego mnie tam wozicie, skoro jesteście moimi rodzicami?

Te pytania świadczyły, że miał w tym momencie bardzo silną potrzebę poznania przyczyny swoich cierpień. Dorota, która zawsze uważała, że tylko wspólnie z Sebastianem mogą powiedzieć mu, na co jest chory, miała pewność, że właśnie teraz, nie kiedy indziej – powinien się dowiedzieć.

Odłożyła nóż, którym kroiła warzywa, podeszła do stołu, kucnęła przed siedzącym na krześle Antkiem, wzięła go za ręce. Zaczęła rozmowę twarzą w twarz, spojrzeniem w spojrzenie:

– Antek, ty jesteś bardzo ciężko chory. Tylko robiąc ci te zastrzyki i podając lekarstwa lekarze mogą cię uratować. Tylko w ten sposób możemy ci pomóc. Mnóstwo osób modli się za ciebie, wspomaga w ten sposób medycynę. Ale te zastrzyki i lekarstwa są konieczne, bo ty jesteś bardzo ciężko chory.

– Mamo, ale co to jest za choroba?

– Antek, ty jesteś chory na raka.

Słyszał już, że ma nowotwór, że ma chłoniaka, ale nie wiedział przecież, że te dwa słowa znaczą to samo, co słowo „rak". Nie był w stanie nic powiedzieć, patrzył tylko zaskoczony na mamę. Dopiero po chwili wyszeptał z radością:

– Naprawdę?! Ja chciałem być chory na raka.

To wyznanie niespecjalnie zdziwiło ani zaszokowało Dorotę.

– Nie mów takich rzeczy. Nikt nie chce, żebyś był chory. Wszyscy walczymy, bardzo dużo ludzi prosi Pana Boga, żebyś wyzdrowiał.

– I ja wyzdrowieję, tak?

– Antek, gdybym nie była tego pewna, to bym ci tego wszystkiego nie powiedziała. Wiem na pewno, że wyzdrowiejesz.

Nie mogła odpowiedzieć inaczej. On bardzo chciał się dowiedzieć, na co jest chory, ona bardzo chciała mu powiedzieć. Generalnie na onkologii rodzicie nie mówią dzieciom, na co są chore, to zbyt ciężkie. Dzieci oczywiście pytają, są żądne prawdy. Surowej, nagiej, w całej pełni, nierozrzedzonej, nieowiniętej w znieczulające warstwy ogólników. Bardzo często jej nie otrzymują, bo osoby dorosłe nie mają dość sił, żeby im tę prawdę przekazać.

Na koniec rozmowy Dorota dodała więc jeszcze:

– Antek, pamiętaj, tylko rodzic może powiedzieć dziecku, że jest chore na raka. Tylko rodzic, nikt inny. Powiedziałam ci, bo ufam, że żadnej dziewczynce ani żadnemu chłopcu na oddziale nie powiesz, na co jest chory.

I już po wszystkim. Bardzo spokojna rozmowa. Ubrali się, wyszli na dwór.

Radość, z jaką wyszeptał, że chciał być chory na raka, wiąże się z historią cioci Wery. Dorota wiedziała o tym, więc się nie zdziwiła. Ciocia Wera umierała na nowotwór w mieszkaniu rodziców Doroty, kiedy Antek miał niespełna cztery lata. Mieszkali wtedy jeszcze na Woli, niemal pod ich domem zatrzymywał się tramwaj, którym w pół godziny zajeżdżało się w odwiedziny do dziadków, na Jelonki. Przyjeżdżali więc, Dorota z Marysią i Antkiem, często, nawet dwa razy w tygodniu, w niedziele też z Sebastianem.

Z ciocią Werą, tak naprawdę bardzo daleką kuzynką Doroty, nigdy nie utrzymywali szczególnie bliskich kontaktów, choć dzieci kojarzyły ją z jakichś dużych uroczystości rodzinnych – chrztów czy ślubów. Stara panna, bardzo aktywna na przeróżnych polach działalności społecznej, pielęgnowała starannie także relacje rodzinne. Kiedy w wieku siedemdziesięciu kilku lat zachorowała na raka, rodzice Doroty odstąpili jej jeden z pokoi swojego mieszkania.

Tamtej wiosny zatem Dorota z dziećmi przyjeżdżała z Woli na Jelonki w odwiedziny nie tylko do rodziców, ale też do cioci Wery. Chora początkowo leżała jeszcze przytomna, więc zaraz po wejściu do mieszkania szli przywitać się z nią, zamienić kilka słów, spytać, czy czegoś potrzebuje, Marysia i Antek ofiarowali jej laurki. Ona oczywiście, na ile mogła, uśmiechała się, dziękowała. Zawiązała się między nimi jakaś nić relacji. Gasła powoli. To wtedy Marysia i Antek poznawali znaczenie słów „rak", „hospicjum", „cierpienie". W pewnym momencie ciocia, choć próbowała, nie była już w stanie nic powiedzieć. Patrzyli na kobietę leżącą w łóżku, pod kroplówką (znów nowe słowo), z dnia na dzień coraz chudszą, która straciła kontakt z rzeczywistością. Po raz pierwszy zetknęli się wtedy z osobą śmiertelnie chorą. Przejmował ich ten widok, oczywiście, ale raczej współczuciem niż paniką. Zresztą, w mieszkaniu dziadków, wokół pokoju cioci życie płynęło zwyczajnym, spokojnym torem. Czasem tylko Marysia musiała przypomnieć Antkowi, albo on jej:

– Cicho bądź, bo ciocia umiera.

Drzwi do pokoju cioci Wery były cały czas otwarte. Naprzeciw znajdował się wypełniony przeróżnym sprzętem elektroniczno-komputerowym pracownio-warsztacik ojca Doroty. Układ pomieszczenia powodował, że osoba pracująca przy komputerze doskonale widziała, co dzieje się w pokoju cioci, sama nie będąc widzianą z zewnątrz. Mimowolnie więc, siedząc kiedyś przy komputerze, Dorota stała się świadkiem sceny, która wprawiła ją w osłupienie. Ciocia leżała już wtedy nieprzytomna, z oczyma wbitymi w sufit. Antek stanął na progu pokoju, rozejrzał się uważnie, czy nikt nie patrzy – nie zauważył oczywiście Doroty, ale ona jego widziała doskonale – podszedł na palcach do chorej, ostrożnie ujął jej rękę, pocałował i wyszedł.

Skąd mu taki pomysł przyszedł do głowy? Gdzie zobaczył taki gest? Gdzie o nim usłyszał? Nie lubił nigdy całowania i przytulania. Kiedy Marysia chciała go zdenerwować, wyciskała mu na policzku całusa. I raptem wykonał gest niemal rycerski, ocierający się o patos. Dorota zresztą nigdy nie powiedziała Antkowi, że widziała go wtedy, nie pytała, co miał oznaczać ten gest.

Ciocia Wera leżała w mieszkaniu rodziców Doroty około miesiąca. Marysia i Antek bardzo przeżywali, kiedy umarła, po raz pierwszy zetknęli się z czyjąś śmiercią. Dorota wzięła ich ze sobą na pogrzeb.

– Jakie piękne miejsce, ten cmentarz – westchnęła Marysia, kiedy już wracali – chciałabym zostać tu pochowana.

– Nie mów tak – odpowiedziała Dorota – kolej rzeczy jest taka, że to wy pochowacie najpierw tatę i mnie.

Ta wymiana zdań zahaczała nieco o abstrakcję, skoro Marysia miała wtedy sześć, a Antek cztery lata. Po śmierci cioci, przed i w czasie własnej choroby, kiedy nie było jeszcze wiadomo, że to nowotwór, choć swoje już przecierpiał w szpitalach, Antek kilka razy przyszedł na kolana do Doroty i z przejęciem wyznał, że mógłby umrzeć za ciocię Werę. Te słowa zrobiły na niej wrażenie, bo chyba jednak nieczęsto dzieciom przychodzą takie myśli do głowy. I dlatego teraz nie zdziwiła jej radość w głosie Antka, kiedy powiedział, że chciał być chory na raka. Rozmowa w kuchni sprawiła też, że Antek na dość długo przestał wzbraniać się przed kolejnymi seriami pobytów w szpitalu – zrozumiał, że ciężko choruje i nie można pomóc mu w inny sposób. Wrócił więc do szpitala, zaczęły się następne cykle chemii.

Teoretycznie oprócz najbliższych na onkologię nie może wchodzić nikt z zewnątrz. Nie może być mowy o tym, żeby jakieś dziecko przekroczyło próg oddziału. Dwa-trzy razy Marysia wjechała z mamą na górę, zatrzymała się przed drzwiami, ale i tak lekarz, widząc ją, zrobił Dorocie straszną aferę – słusznie zresztą – że jak pani może przyprowadzać tutaj dziecko?! Nie wolno! Miał rację, skąd niby można było wiedzieć, że zdrowa dziś Marysia za dwa tygodnie nie zachoruje na przykład na ospę? A każda choroba zakaźna to wyrok śmierci dla dziecka chorego na raka, bo jego układ immunologiczny i tak niemal nie funkcjonuje.

Antek bardzo tęsknił za domem, a tęsknota ta przejawiała się ogromną żałością za Tadziem. Za zabawami z Marysią i z Różą też, ale kiedy myślał o domu – myślał o Tadziu. Kiedy płakał – płakał za Tadziem. On, Antek, leży tutaj w szpitalu, a jego ukochany młodszy brat rośnie i nie pozna go, kiedy wróci, nie będzie go w ogóle pamiętał. Ta myśl napawała go gryzącym żalem. Dorota prosiła więc mamę Sebastiana, żeby czasami podczas spaceru podeszła z wózkiem pod okna szpitala. Antek mógł wtedy, stojąc przy parapecie sali, spojrzeć w dół i zobaczyć Tadzia trzymanego na rękach przez babcię. Płakał zawsze potem z żałości, to nie były dobre chwile.

Dwa czy trzy razy Dorota przyniosła Tadzia na górę, pokazała Antkowi przez szybę oddziału. Smutny to był widok, kiedy z jednej strony Antek na wózku inwalidzkim z całym „oprzyrządowaniem" do podawania lekarstw zagłuszał swoją tęsknotę wygłupami, robieniem min, przemawianiem do swojego „Tadzia, Tadziuchny kochanej", przykładał dłoń do szyby, a z drugiej strony roześmiany Tadzio bezskutecznie starał się trafić w tę dłoń swoją rączką. Miłość przedzielona szybą. Dorota patrzyła na nich bez słowa, łzy spływały jej po twarzy.

Oczywiście Antek nie lubił szpitala, ale kiedy obserwowała, jak rozstawia rycerzy pośród piętrzących się łańcuchów wzniesień i pagórków w wąwozach i zapadliskach fantazyjnie pofałdowanej kołdry, bez reszty pochłonięty myślą o mającej rozegrać się za chwilę bitwie, jak zaśmiewa się, słuchając przygód Mikołajka (tuż po operacji, kiedy nosił jeszcze opatrunek, prosił, żeby tego akurat mu nie czytała – ze śmiechu zbyt bolał go brzuch), nie mogła oprzeć się wrażeniu, że często po prostu zapomina o chorobie. Był normalnym, radosnym Antkiem.

Rytm szpitalny niewątpliwie jakoś porządkował mu życie. Choć czekał z utęsknieniem na wyjście do domu, kiedy już w nim się znalazł, nie wiedział, co ze sobą zrobić, czuł się obco. Najchętniej spakowałby się i wrócił do szpitala, zresztą dwa razy po jakiejś godzinie pobytu w domu oznajmił:

– Ja wracam do szpitala.

Chciał normalnie funkcjonować, jak Marysia chodzić do szkoły, biegać z kolegami, wiedział jednak, że na to jest zbyt słaby. Bawił się więc sam żołnierzykami, formował ich w szyki, budował z klocków Lego fortece. Tadzio, który nieźle już chodził, zafascynowany nowym sposobem poruszania się tratował konstrukcje Antka jak wszystko, co stawało mu na drodze. Nie pozostawało wtedy nic innego, niż krzyknąć:

– Mamo! Weź Tadzia! Psuje mi!

Stawał się zaborczy, chciał koniecznie, żeby mama tylko z nim się bawiła, płakał, kiedy nie chciała, przed chorobą nie zachowywał się w ten sposób. Dorota stanowczo tłumaczyła mu w takich momentach:

– Antek, nie jesteś pępkiem świata. To nie jest tak, że wszyscy muszą wszystko rzucić, dlatego, że ty w tej chwili chcesz się bawić. Ja muszę ugotować obiad, muszę zająć się Tadziem. Jeśli chcesz, proszę bardzo, przyjdź do kuchni.

Takie zachowanie w dużej mierze spowodowane było działaniem deksametazonu, leku, który wywołuje u dzieci silne wahania nastroju, gniew, agresję, histerię lub inne szokujące objawy. Jechali kiedyś na przepustkę do domu, wyszli przed szpital, stanęli obok pobliskiego zieleniaka i czekali na taksówkę. Kiedy podjechała, Antek zaczął krzyczeć, że nie pojedzie. – Nie. Nie! Nie, nie i nie! Łyse, wyniszczone dziecko, zagniewane, krzyczące zdecydowanym głosem, że nie pojedzie. Sprzedawczyni w zieleniaku, mimowolny świadek sceny, miażdżyła Dorotę wzrokiem: jak matka może tak znęcać się nad dzieckiem?! A Dorota mogła sobie tylko pomyśleć: *Boże, kobieto, czego chcesz? Co ja mogę?* Wsiedli w końcu, pojechali.

W mieszkaniu Antek oczywiście przeprosił mamę, jak zwykle po takich momentach zagniewania. Zdarzało się, że bywał niegrzeczny i niesympatyczny. W chwilach złości mówił na przykład do Doroty przez zęby. Niby nic takiego, ale bolało. Starała mu się tłumaczyć, że sytuacja jest trudna nie tylko dla niego, choć jego dotyka oczywiście najboleśniej. Ale przecież wszyscy się martwią, bardzo go kochają, a to, że ona jest z nim cały czas, oznacza, że Tadzik, Róża i Marysia niemal nie widują mamy. Tłumaczyła mu spokojnie, nigdy jednak w chwilach napięć. Chciała, żeby zrozumiał, jak całej rodzinie jest ciężko. On słuchał i jakoś układał sobie w głowie. Bywało więc, że kiedy usłyszał w słuchawce telefonu płacz Róży, mówił:

– Idź już, mamo, idź do Tadzia i Róży.

Chciał, żeby cały czas była przy nim, żeby z nikim innym nie rozmawiała, żeby była tylko dla niego. Stawał się zaborczy, kiedy zaczynała rozmawiać z innymi matkami. One bardzo potrzebowały rozmowy, przyjechały spoza Warszawy, w szpitalu były dzień i noc, szukały jakiegoś wsparcia. Przychodziły więc, siadały na krawędzi i zaczynały rozmowę. Antek tego nie znosił, od razu ostro ucinał:

– Mamo, nie rozmawiaj. Mamo, czy możesz mi poczytać? Mamo, proszę cię, nie rozmawiaj.

Kiedy wychodziła z sali do pokoju obok zrobić sobie kawę, wystarczyło, że pobyła tam chwilę dłużej, już słyszała wołanie Antka. Jak inne dzieci szpitalne zamykał się w obrębie własnego łóżeczka, starał odizolować się od płaczu wokół, szumu nieustannie włączonego telewizora, głośnych rozmów obok. Najskuteczniej, najbardziej kojąco działały oczywiście książki. Głos mamy rozsnuwał zasłonę nad rzeczywistością, wyrywał ze szpitalnego świata. Kiedy więc wieczorami Dorota wychodziła ze szpitala do domu, Antek zapobiegliwie przypominał:

– I pamiętaj, przynieś coś do czytania.

Spośród mnóstwa wspólnie przeczytanych książek, najważniejsze okazały się *Opowieści z Narnii*. Zaczęli je czytać na jesieni, niedługo po powrocie z wakacyjnej przepustki, przeszły później z nimi – w końcu to siedem tomów – przez kolejne oddziały i szpitale. Dorota wzięła do szpitala pierwszą część przypadkowo, trudno jej było zresztą w łatanym ciągłym pośpiechem rozdarciu między domem i szpitalem cokolwiek (cóż dopiero dobór lektury!) spokojnie planować. Dopinając tysiąc porannych spraw przed wyjściem do Antka, karmiąc Tadzia, uspakajając płaczącą Różę i czekającego już taksówkarza, przypominała sobie, że musi wziąć coś do czytania. Ale co? Znajoma mówiła, że ostatnio jej synowie z zapałem słuchają *Opowieści z Narnii*. Mamy? Mamy. Książka stała nietknięta na półce od ponad roku, odkąd Marysia dostała ją na Boże Narodzenie. Dobrze, bierzemy. Szybko, taksówka czeka, trzeba się spieszyć, Sebastian musi już jechać ze szpitala do pracy, trzeba go zmienić.

Antek chłonął świat Narnii całym sobą. Dorota czytała, on słuchał skupiony, wpatrzony w jakiś punkt poza nią, widać było, że intensywnie chce wyobrazić sobie to, co słyszy. Często przerywał, komentował, pytał, analizował, prosił, by powróciła do jakiegoś fragmentu. Chciał rozumieć, ogarniać całość. Cierpiał więc bardzo w chwilach, kiedy nagle trzeba było przerwać lekturę w najciekawszym momencie tylko dlatego, że musieli iść na jakieś badanie.

– Nie, proszę, tylko nie teraz, nie można później?

Z reguły okazywało się, że nie można, że trzeba właśnie teraz ze świata pełnego barw, przestrzeni, wiatru, lasów, rzek i gór, w którym zatracał się, powrócić do przykrej szpitalnej rzeczywistości. Zatracał się zwłaszcza w barwnym, orientalnym świecie *Konia i jego chłopca*, zauroczony przygodami Szasty, takiego biednego, samotnego na początku, który razem z Brim („Mamo! Jak ja bym chciał wsiąść na takiego konia! Jak on musiał szybko biec!") pomagał Arawis dotrzeć do Narnii. Imię tej dziewczyny Antek często powtarzał, nie wiedzieć dlaczego bardzo go śmieszyło.

Wracali kiedyś na oddział po kolejnej przepustce. Kiedy czekali na windę, Antek ze swoim małym plecakiem na plecach chodził tam i z powrotem.

– Mamo – spojrzał na Dorotę – ja tak bardzo lubię maszerować. Będę bardzo dużo maszerował, kiedy już wyjdę ze szpitala.

Tymczasem pozostawały mu wyprawy wózkiem inwalidzkim na badania. Nie pozwalał sobie pomagać, samodzielnie pokonywał przestrzenie korytarzy, samodzielnie przeprowadzał skomplikowaną akcję przejazdu windą z piętra na piętro – ustawiał się tak, żeby móc wjechać i wyjechać, kiedy tylko otworzą się drzwi. Różnica poziomów podłogi korytarza i windy powodowała efektowne zachwianie się wózka. Kilka razy późnym wieczorem, w nocy niemal, zeszli z Dorotą na pusty parter szpitala. Światła były już pogaszone, wszystkie przychodnie pozamykane, nie istniało ryzyko spotkania dzieci z zewnątrz – potencjalnego źródła infekcji jakąś chorobą zakaźną. Zeszli, żeby pooglądać ryby pływające w olbrzymim akwarium na parterze, ale samo tło wyprawy, niezwykła pustka korytarzy, przytłumione światło, stanowiło jakąś atrakcję.

Jedna ze scen *Konia i jego chłopca* poruszyła również Dorotę. To scena szaleńczej ucieczki przed lwem, kiedy Bri uświadamia sobie, że jeszcze nigdy tak nie pędził, więcej – nie przypuszczał nawet, że potrafi tak szybko galopować.

Czytając ten fragment, pomyślała, że z nimi, z nią i Sebastianem, jest trochę podobnie. Nigdy nie przypuszczali, że w sposób zupełnie naturalny, oczywisty są w stanie podjąć tak wielki wysiłek organizacyjny.

W ciągu dnia tylko podczas popołudniowego, spiesznego przejścia ze szpitala do domu była sama. Szła pieszo, choć jadąc tramwajem szybciej dotarłaby do domu, ale tylko wtedy mogła dać upust emocjom. Rozklejała się zupełnie, płakała z dławiącego poczucia bezsilności, przekonana, że nie da rady dłużej patrzeć na udrękę Antka. Na parterze kamienicy brała się w garść, znów wchodziła w rolę pogodnej mamy. Dzieci, słysząc jej kroki na schodach, przestępując z nogi na nogę, kłębiły się pod drzwiami, wychodziły na klatkę stęsknione. Musiały zobaczyć ją spokojną, uśmiechniętą, usłyszeć, że wszystko jest w porządku. Przez ten czas między siedemnastą i dziewiętnastą trzydzieści (później szły już spać), każde z nich chciało mieć mamę tylko dla siebie, wydzierały ją sobie nawzajem. Czuły jednak, że myślami jest gdzie indziej.

Rzeczywiście, była w szpitalu przy Antku. Niepokoiła się, czy już usnął, czy zjadł kolację, czy nic nie wydarzy się w nocy. Gdyby nie zanurzony w błogosławionej szarzyźnie codzienności dom, a w nim Marysia, Róża i Tadzio, chyba zadusiłyby ją myśli ciągnące wciąż do szpitala, dławiącym uściskiem oplatając i obezwładniając, wciskając się nieustannie w każdy zakamarek głowy.

Choć tylko przez dwie godziny, widywała jednak swoje dzieci codziennie. Kobiety, które przyjechały z chorym dzieckiem spoza Warszawy, pozostałe zastawiając w domu i nie widząc ich całymi miesiącami, strasznie tęskniły. Pamięta rozmowę z dwoma matkami dzieci chorych na białaczkę. Obie przyjechały z daleka. Pierwsza zostawiła w domu młodszego synka. Mówiła, że cni jej się za nim boleśnie, ale jednocześnie każdy powrót do niego dodaje sił. Dorota przytaknęła, dla niej też bardzo ważne było poczucie, że ma dom, inne dzieci. Wtedy druga, która miała tylko jedno dziecko, to chore, powiedziała, że już nigdy nie zdecyduje się na kolejne. Przecież nawet jeżeli jej syn wyzdrowieje, to gdyby kiedyś w przyszłości miał nastąpić nawrót choroby, musiałaby opuścić drugie dziecko.

Ale co z myślami? Co? – Dorotę przeniknął dreszcz. – Przecież one nieustannie krążą wokół dziecka. Wystarczyło na chwilę wyjść z sali, choćby po to, żeby zrobić sobie kawę, a od razu gdzieś w tyle głowy zagnieżdżała się szarpiąca myśl: co będzie? Co dalej? Otrząsnąć się z niej pozwalało Dorocie jedynie zanurzenie się w codziennych obowiązkach domowych. Całe szczęście, że dzieci się biły, kłóciły, trzeba było je wychowywać, uspokajać, ugotować im obiad, nakarmić, wieczorem ledwie starczało sił, aby zmówić pacierz przed zaśnięciem.

Niektóre szpitalne matki poza chorym dzieckiem nie miały nikogo, nie mogły liczyć na czyjąkolwiek pomoc, na oparcie w kimkolwiek. Był na przykład taki maleńki, umierający chłopczyk, trochę maskotka oddziału, starsi, kilkunastoletni chłopcy lubili nosić go na rękach. Matce nikt nie pomagał, żadna babcia, zupełnie nikt. Kiedy przychodził mąż, warczała na niego, ich małżeństwo rozsypywało się, mówiła, że odejdzie, kiedy dziecko umrze. Dorota patrzyła z przerażeniem, jak krzyczy na chłopca, rzuca do łóżeczka. Ta kobieta nie miała sił, była kompletnie wykończona. Szpitalne otoczenie starało się jakoś jej pomóc, pilnowali synka, kiedy szła do sklepiku, ale nikt przecież nie mógł jej powiedzieć: idź, odpocznij, bo matka umierającego dziecka nie pójdzie i nie odpocznie sobie. Wesprzeć można ją było jedynie dobrym słowem i modlitwą.

Dorota miała dom, którym musiała się opiekować, mogła liczyć na pomoc swojej i Sebastiana mamy. Jej matka nocowała czasami u Antka w szpitalu. Maleńki Tadzio często z kolei zostawał pod opieką mamy Sebastiana. One obie i tata Doroty gotowi byli do pomocy na każde zawołanie, niezależnie od pory dnia czy nocy. Sebastian przychodził z pracy, przebierał się, szedł do Antka. To było oczywiste. Chociaż naprawdę ciężko wtedy pracował i wracał bardzo zmęczony, a na dworze panowały wilgotne, zimowe ciemności, ani jemu, ani Dorocie nie przemknął nigdy nawet cień myśli, że mieliby powody, by skarżyć się na ciężar sytuacji. Tak głębokie jest poczucie sensu tego, co się robi. I pośród tych ogromnych trudności organizacyjnych, ciągłego zmęczenia, Sebastian postanowił sobie, że codziennie będzie chodził na Mszę św. Konsekwencja, z jaką trwał w tym postanowieniu, zadziwiała Dorotę, czasami nawet drażniła, kiedy właśnie wyjątkowo mieli chwilę dla siebie, a on wychodził do kościoła. Czasem nachodziła ją buntownicza pokusa: łatwo sobie tak postanowić i wychodzić choćby się waliło i paliło. Też bym tak chciała. Ale wiedziała, że to są pokusy, że Sebastian, chodząc codziennie na Mszę św. i przyjmując Komunię św., robi to za nich oboje. Ona zostaje w domu, bo musi nakarmić i uśpić dzieci, on wychodzi. Jedność małżeńska, spajana coraz silniej świadomością, że mogą utracić Antka – ich wspólną część, czyniła wzajemną jej ofiarę pozostania w domu. Podobnie obojgu dawało olbrzymią siłę i łaskę każde uczestnictwo Sebastiana we Mszy św. Inna sprawa, że momenty, kiedy już zostawali sami, były najtrudniejsze, oboje natychmiast spływali łzami. Przy dzieciach jedno i drugie okazywało siłę i spokój. Dorota z przekonaniem tłumaczyła Antkowi, że musi być zdyscyplinowany, przecież się leczy, w procesie powracania do zdrowia nie może pozwolić sobie na łzy.

Leczenie chemią nie przyniosło rezultatów. Guz zmniejszył się co prawda, ale bardzo nieznacznie, nigdy nie wszedł w remisję. Lekarze mówili, że prawdopodobnie dlatego, iż jest martwy. Duży, otorbiony, ale martwy. Sprawdzić to można jedynie przeprowadzając kolejną operację, znacznie cięższą od wcześniejszej. Po pierwsze dlatego, że brzuch zostanie otworzony po raz drugi, a pacjent jest świeżo po chemii. Po drugie i istotniejsze dlatego, że dotknięcie skalpelem żywych komórek rakowych (których może nie ma, może są, a jeśli są, to sytuacja jest naprawdę bardzo ciężka) stanowi prowokację mogącą wywołać silny nawrót choroby. Lekarze zdecydowali się jednak podjąć ryzyko.

Mniej więcej w okresie, kiedy Antek po drugiej chemii miał wyjść ze szpitala na wakacyjną przepustkę, ksiądz Jan dał Dorocie książeczkę o wczesnej Komunii św. dzieci. Sam bardzo zajęty, zaproponował, że on przygotuje chłopca do pierwszej spowiedzi, natomiast do Komunii mogłaby przygotować go siostra zakonna z parafii. Dorota poszła, przedstawiła sytuację, poprosiła i w czasie tych spędzanych w Warszawie wakacji do Antka przychodziła siostra pracująca w pobliskiej szkole. Wymagała zawsze, żeby miał przygotowany swój zeszyt i książeczkę, odrobione zadanie (proste zazwyczaj, narysowanie czegoś lub przeczytanie kilku zdań), chciała, żeby zrozumiał, że przygotowanie do Pierwszej Komunii to poważna sprawa.

Druga operacja nie mogła odbyć się w ich „macierzystym" szpitalu onkologicznym – trwał remont oddziału chirurgii. Lekarze znaleźli dla Antka miejsce w szpitalu, gdzie kiedyś oglądał go profesor. Proszę pojechać tam pojutrze, chłopiec zostanie przygotowany do ciężkiej operacji. Wieczorem, jak zwykle w ważnych momentach, Dorota zatelefonowała do księdza Jana z informacją, że mają już wyznaczony termin, operacja odbędzie się za dwa dni.

– Dobrze – odpowiedział ksiądz Jan. – Jutro w szkole (formalnie Antek wciąż był uczniem zerówki) odprawiam Mszę świętą, udzielę mu wtedy Pierwszej Komunii, przyjedźcie na dziesiątą.

Rano, przed wyjściem z domu, Dorota pomogła jeszcze Antkowi przeprowadzić rachunek sumienia i razem z Różą we troje pojechali do szkoły. Stosownie do doniosłości wydarzenia Antek ubrany był elegancko w mundurek, który specjalnie na tę okazję pożyczyła im mama jednego ze starszych uczniów, koszulę (to bardzo ważne – dziś nie obowiązywały go szpitalne dresy i piżamy, dziś wyglądał jak tata, a zawsze bardzo chciał wyglądać – być taki – jak tata), krawat (pierwszy raz!), szykowne buty. Wyjątkowo wtedy chyba przeszkadzała mu kompletna łysina. Marysia czekała na miejscu, wypadał zwyczajny dzień nauki, Sebastian miał dojechać z pracy. W kaplicy przywitał ich ks. Jan. Zamienił z Antkiem kilka słów, po czym wyszli, żeby chłopiec mógł się po raz pierwszy wyspowiadać.

Od wczorajszego wieczora wiadomość o Pierwszej Komunii Antka rozeszła się szeroko. Widok tłumu, jaki zebrał się w małej przecież kaplicy szkolnej, ci wszyscy ludzie patrzący na niego, kiedy wrócił po spowiedzi, przejął go lękiem. Na szczęście mógł schronić się bezpiecznie między mamą i tatą. To, że tuż przed ciężką operacją Antka Dorota i Sebastian mogli razem z nim uklęknąć po przyjęciu Komunii, że dostał szkaplerz, że – choć spóźnieni – dotarli jednak jego koledzy z zerówki i ofiarowali mu namalowany przez siebie obraz – bardzo było dla nich ważne. Oczywiście dało się wyczuć pewien pośpiech – nie mogli przyjechać dziadkowie, Tadzio został w domu, Marysia od razu po Mszy św. wróciła na lekcje, Sebastian do pracy (bardzo dużo pracował, nieustannie z myślą, że może przecież trzeba będzie leczyć Antka za granicą, a na to potrzebne są i środki, i kontakty). Zresztą naturalne wydawało się wtedy, że kiedy za dwa lata chłopcy z obecnej zerówki będą przystępować do Pierwszej Komunii, Antek też pójdzie z nimi. Wtedy przyjdzie czas na świętowanie. Teraz, kiedy znowu zostali we troje, Dorota powiedziała:

– Wiesz, Antek, dziś jest taki szczególny dzień. Jeśli chcesz, pójdziemy do kawiarni, jakoś go uczcimy.

– A nie moglibyśmy pojechać do Pizza Hut? - zapytał z nadzieją.

Zawahała się przez chwilę, przecież tam jest mnóstwo ludzi, bardzo łatwo o jakąś infekcję.

– Dobrze, pojedziemy, ale musisz bardzo uważać.

Następnego ranka Dorota spakowała rzeczy synka i dławieni strachem pojechali do szpitala, na operację. Nareszcie mieli mu wyciąć tego guza. Dzień znów wypełniły długie godziny oczekiwania na przyjęcie na oddział. Powoli zapadał zmierzch. Może lepiej będzie, jeśli przyjadą jutro rano, od razu na operację? Mowy nie ma. Antek musi zostać położony i przygotowany dziś, musi w szpitalu spędzić noc. W końcu weszli na oddział. Najbardziej przygnębiający z dotychczas poznanych. Szare boksy, w każdym po dwa łóżka, na nich łyse, wyniszczone dzieci, często z amputowanymi kończynami – w tym szpitalu leczy się głównie nowotwory kości. Żarzący się ekran włączonego non-stop telewizora oświetlający twarze nieprzerwanie wpatrzonych weń dzieci stanowi jedyny kolorowy punkt w każdym z boksów. W tym, do którego został skierowany Antek, leżał już jeden chłopiec. Przyjmował właśnie chemię w postaci kolorowego płynu, taki sam kolor miał mocz, który spływał do specjalnego woreczka, a siostra kontrolowała, czy jego objętość zgadza się z objętością podanego preparatu. Różnica w bilansie wskazywała, że coś jest nie tak i należy wezwać lekarza.

Antek wiedział, że w nowym szpitalu na tę noc przed operacją zostanie sam, rodzice mogli wejść na oddział dopiero rano. Chociaż bał się filmów, które leżący z nim chłopiec oglądał całą noc, dzielnie zniósł samotność. Kiedy zdenerwowana, niecierpliwie czekająca na ósmą rano pod drzwiami oddziału Dorota weszła do boksu, zobaczyła Antka spokojnego. Trochę jej ulżyło.

Na blok operacyjny pielęgniarki odwiozły go na szpitalnym łóżku. Przed salą jedna z nich powiedziała, żeby pożegnał mamę.

– Pamiętaj, Antek, że ja tu cały czas siedzę i czekam – powiedziała Dorota.

Odjeżdżał, patrząc na nią pełnym smutku wzrokiem. Bał się bardzo. W dłoni trzymał krzyżyk, pewnie dlatego był w miarę spokojny. Nie mógł z mamą, ale pojechał z krzyżykiem.

Operacja znów trwała cztery godziny. Dorota czekała pod drzwiami, więc kiedy tylko lekarz wyszedł z sali, mogła go zahaczyć:

– Jak to wygląda?

– Wyciąłem, co się dało i oddaliśmy to do badania histopatologicznego.

– Ale jak pan doktor to ocenia?

– Wie pani, tam jest wszystko poprzerastane.

Odruch przerażenia, bo przecież mieli wyciąć całego guza.

– Ale jak pan myśli, tam są żywe komórki czy nie?

– Wyglądają na żywe.

Poszedł. *Spokojnie, tylko spokojnie* – spięła myśli – *lekarz jest zmęczony, pewnie źle widział. Oddali komórki do badania, poczekamy na wyniki.*

Antek znów leżał sam na sali pooperacyjnej, nie mogła do niego podejść. Stała i przez szybę patrzyła na synka. Widziała, jak się wybudził i dwie pielęgniarki próbowały założyć mu sondę przez nos do żołądka. Wpychały ją w niego, trzymając go z dwóch stron, on nie był w stanie współpracować, chciał krzyczeć, nie mógł, dusił się.

To był właściwie jedyny moment podczas całej choroby Antka, kiedy Dorota czuła, że już nie wytrzyma, nie da rady, za chwilę zemdleje, musi dokądś uciec, zacząć krzyczeć.

Miał na brzuchu olbrzymi opatrunek, ale szybko dochodził do siebie, po tygodniu został wypisany do domu. Po takiej operacji nie mógł dostać przecież kolejnej chemii. Dorota nawiązała kontakt z panią pracującą w laboratorium, chciała dowiedzieć się, jakie są nieoficjalne wyniki badań. Według pani komórki były żywe. Żywe? Nie, nie, spokojnie, trzeba czekać na oficjalne wyniki, jak można opierać się na takim pokątnym wypytywaniu.

Pani doktor oficjalnie potwierdziła – komórki są żywe. No, nie, chociaż mówili im, że jeśli będą żywe, to już bardzo źle, musi być jakieś (kolejne) wyjście. Niemożliwe, żeby mieli przegrać. I oczywiście – czy ktokolwiek mógł w to wątpić?! – jest wyjście. Przeszczep. Kiedy jednak Dorota przeczytała folder wyjaśniający przebieg zabiegu i okołozabiegową otoczkę, pomyślała, że tym razem już nie podołają, że to koniec. Usiadła kompletnie bezradna. Akurat do pokoju wszedł jej tata, podała mu folder.

– Zobacz, nie damy rady.

A on, którego przecież choroba Antka obezwładniała i po którym nie spodziewałaby się takiej reakcji, spojrzał na folder i najnaturalniej w świecie stwierdził:

– No i co z tego? Zrobimy, co trzeba. Nie ma się czym przejmować, wszystko się uda.

Pytanie tylko, czy robić go od razu, czy podać jeszcze Antkowi chemię. Lekarze postanowili podać mu jeszcze dwa cykle. Póki co wypisali go do domu. Słaby był. Do mieszkania na trzecie piętro Sebastian wnosił go na barana. – Tato, przepraszam, że ty mnie musisz wnosić. Ja wiem, że już jestem duży, że sam powinienem wchodzić.

– Antek, ja bym cię zaniósł na koniec świata, gdybyś tylko tego potrzebował. Pamiętaj o tym.

Z jednej strony to bardzo dobrze, że Antek mógł wrócić do domu. Trwała już zima, sroga, ciężka, mroźna. Zbliżały się kolejne Święta Bożego Narodzenia, a przeszczep miałby odbyć się we Wrocławiu, w specyficznych warunkach pełnej izolacji. Dorota mieszkałaby z Antkiem na oddziale, mama Sebastiana z Tadziem w wynajmowanym mieszkaniu. A tak spędzą Święta wszyscy razem, na Mokotowie, umęczony dom odetchnie na chwilę. Z drugiej strony podrażniony skalpelem podczas operacji nowotwór zaczął się rozrastać. Czy więc wypuszczenie Antka na Święta do domu nie jest stratą czasu, zaniedbaniem walki, oddaniem pola chorobie? Nie, odpowiedzieli lekarze, to wiele nie zmieni. Przyjdźcie tuż po Świętach, dwudziestego siódmego grudnia zaczniemy nową chemię. Decyzję tę podjęli po obejrzeniu wyników rezonansu magnetycznego przeprowadzonego w kilka godzin po jeszcze jednej tomografii komputerowej, która tym razem przyniosła niewyraźne dane. Smutne było to przedświąteczne badanie. W kolejce czekał tłum ludzi, dorosłych i dzieci. Antek siadał Dorocie na kolanach, tulił się zmęczony, głodny, bo wypił tylko na czczo obrzydliwy płyn konieczny do tomografii. Był bardzo wychudzony, łysy, na twarzach ludzi wokół widziała przerażenie. Naprzeciwko nich siedziało małżeństwo. W pewnej chwili mężczyzna podniósł się, podszedł do Doroty, w ręku trzymał aparat fotograficzny.

– Proszę pani, zrobię wam zdjęcie. Zostawię tutaj w recepcji. Będzie pani miała kiedyś pamiątkę.

Omal się nie rozpłakała, bo zabrzmiało to tak, jakby powiedział: kiedy pani syn już umrze, zostanie pani pamiątka. Jednak, zamiast dać odpór tej niestosownej propozycji, zgodziła się. Bardzo była za to zła później na siebie, kiedy Antek zapytał, dlaczego ten pan robi mu zdjęcie.

Doczekali się w końcu badania. Dorota weszła z Antkiem do gabinetu, ale na czas wykonywania tomografii musiała wyjść.

– Wiesz, Antek, mama spodziewa się dzidziusia.

Ucieszył się bardzo nowiną – ta tomografia, to za rodzeństwo. Wiadomość, że jest w ciąży, przestraszyła ją. Przecież i tak już jest tak ciężko, nie dadzą rady. Damy – krótko stwierdził Sebastian. Ale czyż nie jest to znak – to nowe życie, ta radość, że się narodzi nowy człowiek – że i z Antkiem wszystko będzie dobrze?

Lekarze nie chcieli zdradzić wyniku tomografii, chociaż prosiła ich o to. Została z przekonaniem, że skoro po tomografii od razu skierowali ich na rezonans, nowotwór musiał się rozrosnąć. Wracali taksówką, oboje bardzo zmęczeni. I pewnie przez to zmęczenie Dorota uległa chwili słabości. Kiedy za szybą mignął czerwony neon z żółtą literą „M" i Antek tęsknie westchnął: – mamo, jak ja bym chciał pójść do McDonalda – ona zgodziła się: – dobrze, zatrzymamy się tutaj, zjesz coś.

Wiedziała, że to była nieroztropna decyzja, mógł przecież złapać tam jakąś infekcję.

Ale widok Antka, który szczęśliwy po prostu siedział i jadł, zagłuszył wyrzuty. Nie powiedziała oczywiście nikomu o tym, że zatrzymali się po drodze. Antek co prawda stwierdził w domu ku zaskoczeniu Sebastiana, że nie jest głodny, bo jadł w McDonaldzie, ale jakoś nikt nie podjął tematu, a on zmęczony położył się i zasnął zaraz.

Każda noc, którą Antek mógł spędzić w domu, niosła ze sobą radość i lęk. Radość, że jest nareszcie z nimi, że wszyscy są razem. Lęk, ogromny lęk, gdyż kładąc się spać nie mogli wiedzieć, co ta noc przyniesie, czy w ogóle ją prześpi, czy nie chwycą go bóle brzucha, torsje. Faktycznie, wymiotował praktycznie co noc, czasami bezwiednie, przez sen. Budził się pobrudzony, przykre to było dla niego. Spał w pokoju z Marysią i Różą. Czasami, kiedy one już zasnęły, przychodził do rodziców i zostawał z nimi. Niekiedy Sebastian szedł na jego posłanie, wtedy Antek mógł zostać na noc z mamą i Tadziem. Lepiej już być nie mogło: i mama, i Tadzio! Na Święta Bożego Narodzenia Antek został więc w domu.

Zatracał się w wirze pospiesznych przygotowań. To było drugie Boże Narodzenie, które przygotowywali i spędzali sami u siebie, tylko z babcią, pracy więc było dużo, a jego trudno było czymś zmęczyć. Po mieszkaniu żwawo śmigała łysa główka pochłonięta zadaniami: pojechać z tatą na Czerniakowską wybrać i kupić choinkę, w mieszkaniu wyciągnąć i przygotować bombki, ustawić i ubrać drzewko, znaleźć sianko, bo gdzieś się zawieruszyło, a koniecznie musi być, wykrawać w kuchni z Marysią pierniczki, kroić dzwonka śledzia, kłębić się razem z Różą i Tadziem wokół zajętej pracą Doroty, przyrządzić rolmopsy – jędrne kawałki śledzi posmarować musztardą, położyć kawałek ogórka i marchewki, zawinąć, przebić wykałaczką.

Dorota patrzyła na Antka pochłoniętego przygotowaniami do Wigilii, zachęcającego wieczorem różnymi sztuczkami Tadzia, żeby wsiadł na konia na biegunach, bo to on przecież dostał go pod choinkę, na Antka roześmianego – istną duszę towarzystwa – kiedy w drugi dzień Świąt odwiedziła ich cała rodzina. Ze wszystkich sił starała się przepędzić tę natrętnie powracającą myśl: *a może to ostatnie jego Święta*? Nie chciała robić mu zdjęć, żeby nie wyczuwał jakiegoś zamieszania wokół siebie, nie pomyślał, że mama chce mieć pamiątkę.

Rano dwudziestego siódmego grudnia, kiedy Dorota ubierała Antka przed wyjściem z domu, zauważyła na jego ręku niewielkie krostki, cztery-pięć, nie więcej. Co to takiego? No, nic. Jedziemy.

Przed przyjęciem na oddział dziecko za każdym razem musi przejść przez izbę przyjęć. Dzieci z onkologii przyjeżdżające na podanie chemii nie mogą czekać, przyjmowane są poza kolejnością.

– Nie – stwierdził lekarz na izbie, spojrzawszy na krostki – nie mogę wpuścić was na oddział. Nie wiem, czy to nie jest półpasiec.

– Półpasiec?! Jaki półpasiec?! Gdzie? Te trzy krostki na krzyż? – Dorota osłupiała.

Z oddziału zeszły do nich dwie lekarki, spojrzały na dłoń chłopca, potwierdziły, że to półpasiec. I usiadły. Siedziały, nic nie mówiły, a to milczenie oznaczało, że nie widzą szans, bo choroba zakaźna przy takim nowotworze oznacza koniec.

– Dobrze – powiedziała Dorota – więc co dalej? Co teraz?

– Pojedziecie do szpitala zakaźnego, do którego zawsze wysyłamy dzieci w podobnych przypadkach.

Koszmarnie wyglądał ten szpital. Obskurny, obdrapany budynek w ruinie. Pusty, żadnych kolorów, żadnych firanek, nic. Na odpadające kafelki w toalecie, na zjełczałe jedzenie nie dawało się patrzeć. Przeszklone, zimne boksy, bo kaloryfer nie działał, akurat pękły rury, czy coś innego uległo awarii. Antek leżał otulony warstwą koców, w wełnianych skarpetach, rękawiczkach, grubym dresie założonym na piżamę. Za oknem roztaczał się widok na skutą zimą zajezdnię tramwajową.

Dorota z Sebastianem od dawna marzyli o nowym dużym samochodzie, który pomieściłby całą ich rozrastającą się rodzinę. I właśnie teraz Sebastian odebrał upragnionego miniwana. Przyjechał po wychodzącą od Antka Dorotę. Stała na chodniku, przed wyjściem ze szpitala zakaźnego, patrzyła, jak podjeżdża. Boże – pomyślała – teraz wypadałoby powiedzieć coś miłego, że ładny samochód, uśmiechnąć się, ale jak to zrobić, kiedy ma ściśnięte gardło i nie opuszcza jej natrętna myśl, że teraz to nie ma żadnego znaczenia, bo nie wiadomo, czy wszyscy będą jeździć tym samochodem.

Otworzyła drzwi i w milczeniu usiadła obok Sebastiana, dławiące łzy zaczęły wciskać się obojgu do oczu.

W tym ponurym, odseparowanym od świata szpitalu, gdzie nie mógł wychodzić z boksu nawet na korytarz, Antka pochłonęło rysowanie wielkiej bitwy morskiej. Dostał porządne pastele i belę papieru, którą w miarę zapełniania okrętami i rycerzami walczącymi z piratami mógł rozwijać i rozwijać niemal w nieskończoność. Rysowanie przeplatali czytaniem kolejnej księgi *Opowieści z Narnii*. Przyszła wtedy pora na *Srebrne krzesło*. Akcja rozgrywa się pod ziemią, cały tom spowija mrok. Nastrój przygnębienia współgra z ponurą atmosferą szpitala, porą roku i widokiem z okna. Dorota starała się więc przebrnąć przez tekst jak najszybciej, kilka razy Antek poprosił, żeby wieczorem mu nie czytała, bo bał się, śnił mu się błotowiej. Mówił wtedy przez sen, rzucał się z płaczem i wołał o pomoc. Pewnie też dlatego, że w brzuchu odrastał mu guz.

W tym konkretnym miejscu i czasie *Srebrne krzesło* odegrało jednak istotną rolę. Kiedy Antek usłyszał mowę Błotosmętka, który oświadcza Królowej Podziemia, że zamiast żyć w jej żałosnym, ciemnym świecie, woli stracić życie, szukając prawdziwego świata i Narnii, bo jest po stronie Aslana, usiadł z wrażenia. Poprosił Dorotę, żeby przeczytała ten fragment jeszcze raz. Czytała powoli, tak, żeby dobrze go zrozumiał, żeby mógł sytuację Eustachego, Julii i Błotosmętka odnieść do swojej. Antek słuchał zapatrzony swoim zwyczajem w jakiś punkt poza nią, pytał, kiedy czegoś nie rozumiał. Wchodził za dziećmi do otchłani, w mroczny świat, szedł z nimi naprzód pośród brzydoty, odnosił wraz z nimi zwycięstwo, gdyż bez względu na wszystko, co działo się dookoła, kierowali się znakami danymi im przez Aslana. Dorota często o tym z nim rozmawiała, o tym, że świat wokoło może być odpychający, kompletnie może się nam nie podobać, chcemy uciekać, wracać do pięknego świata, ale misja, którą otrzymaliśmy, wypełnić się ma właśnie w tym brzydkim świecie.

W tym okresie, nie wiadomo, czy pod wpływem lektury *Srebrnego krzesła*, Antek zaczął powtarzać, że jeśli ma dłużej tak żyć, jeżeli ma chorować do końca życia, to on woli pójść do nieba.

W rozmowie z księdzem Janem powiedział wprost, że ma już dość. Chce iść do nieba, ale martwi się, że kiedy to się stanie, rodzice będą bardzo płakać. Ksiądz Jan powiedział wtedy Dorocie:

– Opowiadaj mu o niebie.

Dobrze, bardzo dobrze. Tylko jak wygląda niebo?

Nie miała pojęcia. Kilka malarskich wyobrażeń raju, które w pierwszej chwili przyszły jej do głowy, szybko się ulotniło, została pustka. Jak wygląda niebo? Naprowadziło ją delikatne napomknienie ks. Jana – w niebie wszystko się potrafi. Tutaj, na ziemi, nie potrafiłeś pływać? Tam, w raju, wchodzisz do rzeki i pływasz od razu. To był trop. Niebo jest jak Narnia. Przepiękny świat, wybujałe drzewa, cudowne łąki. Biegasz, skaczesz, latasz – robisz, co chcesz, bo niebo to wyzwolenie z choroby. Lepiej niż tam nigdzie być nie może. Tęskniącego za otwartymi przestrzeniami Antka wizja taka wprawiała w zachwyt. A przecież to nie wszystko. W niebie oprócz mnóstwa wspaniałych ludzi spotka Kogoś, kto kocha go bardziej nawet niż rodzice.

– I nie martw się – dodawała – obiecuję, że ani tata, ani ja nie będziemy płakać.

Dzień, może dwa, przed zakończeniem leczenia Antek dostał bardzo silnych bólów brzucha. Lekarka bagatelizowała, że to nic, pewnie się czegoś najadł, ale to naciskał na nerkę rozrastający się nowotwór. Półpasiec zupełnie pozbawił organizm możliwośc i obrony, rak mógł szaleć. Sebastian od razu pojechał z Antkiem do macierzystego szpitala. Doroty nie było, obiecała Marysi, że tego akurat dnia pójdą na film *Opowieści z Narnii*. Kiedy tylko wyszły z kina, zadzwonił telefon. Usłyszała zdenerwowany głos Sebastiana:

– Dorota? Dlaczego nie odbierasz?! – w tle wibrował krzyk Antka.

Natychmiast popędziły do szpitala. Marysia została przy wejściu, Dorota wbiegła na oddział i zobaczyła Antka, który zwijał się z bólu. Wtedy po raz pierwszy dostał morfinę. Ból ustąpił. Antek żywiony był od jakiegoś czasu wyłącznie pozajelitowo, przez kroplówkę, pił nieznaczne ilości wody. Targały nim już wtedy straszliwe torsje. Kilkanaście razy w ciągu doby wyrzucał z siebie dobrze ponad litr ohydnej, śmierdzącej cieczy przypominającej kał. Przepraszał Dorotę za te wymioty, wiedział, że są wstrętne. Ale wiedział też, że przynoszą mu ulgę. Siadał więc, wkładał sobie rękę do ust, prowokował torsje. Modlił się o wymioty, nie o ulgę.

Często odwiedzał go wtedy ks. Jan. Dorocie zależało na tym, żeby te wizyty były jak najczęstsze, widziała, jaką siłę sakramenty dają im wszystkim. Nie zawsze pytała więc synka, czy chce, żeby ksiądz go odwiedził, informowała tylko, że przyjdzie. Antek nigdy nie protestował. Ksiądz przychodził z Panem Jezusem na piersiach, zawsze bardzo skupiony, kładł puszkę z Najświętszym Sakramentem na przygotowanej szafce, udzielał Antkowi i Dorocie Komunii świętej, dbał o dziesięć minut dziękczynienia, swobodniejszą rozmowę zaczynał dopiero później. Antek póki mógł, starał się klękać przed przyjęciem Pana Jezusa. Morfina sprawiała jednak, że kiwał się, słaniał, upadał. Ksiądz powiedział mu więc, żeby nie wstawał. Po udzieleniu Komunii św. pomagał Antkowi w dziękczynieniu – modlili się wspólnie na głos. Chłopiec w skupieniu, uważnie podążał za słowami księdza. Zaczynali zawsze od aktu wiary: Panie, wierzę, że jesteś w tej chwili obecny we mnie, w moim sercu. Dziękuję Ci za to, że dziś również zechciałeś przyjść do mnie. Dziękuję Ci za to, że jestem chory i mogę trochę cierpieć, jak

Ty, Panie, cierpiałeś za mnie na krzyżu. Później wymieniali prośby: najpierw o łaskę dla samego Antka, żeby potrafił dzielnie znosić chorobę i leczenie. Później prosili o łaski dla całej rodziny, wymieniając po kolei mamę, tatę, Tadzia, każdą z sióstr. Potem Antek modlił się w swoich intencjach osobistych, zwłaszcza za osoby, za które ofiarował swój ból, konkretne osoby ze swojego otoczenia, o których wiedział, że żyją daleko od Pana Boga. Ksiądz pytał też zawsze Antka, czy chce się wyspowiadać. Czasem chłopiec chciał, czasem nie. Bardzo przeżywał każdą spowiedź. Wstydził się swoich grzechów przed ks. Janem, ale przełamywał lęk. Prosił Dorotę, żeby pomogła mu się przygotować, przeprowadzić rachunek sumienia. Podawał jej kartkę i długopis:

– Mamo, ja zapominam moje grzechy, muszę je sobie zapisać – a przecież nie potrafił pisać. Ona zastrzegała zawsze: – Antek, jeśli jest coś, o czym nie chcesz powiedzieć mamie, zapamiętaj tylko, że jest taka sprawa i powiedz księdzu. Mnie nie musisz mówić, mogę ci pomóc, jeśli mnie o to prosisz, ale to są sprawy między tobą i Panem Bogiem. Zapisywała, co chciał, żeby zapisała, i wychodziła z sali, żeby mógł się wyspowiadać.

O podaniu zaległej, poświątecznej chemii nie mogło być mowy. Antek leżał na oddziale dziennym, przykryty prześcieradłem, spod którego wystawała tylko jego sina, wychudła, łysa główka. Dorota pomyślała wtedy, że to koniec, nie ma wyjścia, skończyło się. I wtedy poprosili ją do siebie lekarze.

– Proszę pani, wszystko, co mogliśmy wykorzystać, wykorzystaliśmy. Rezultatów nie ma żadnych. Pozostaje jeszcze jedna możliwość, absolutnie ostatnia deska ratunku. Kuracja w zasadzie dopiero testowana na dzieciach, w skład której wchodzi też lek, jakiego Antek jeszcze nie dostawał.

Reakcja Doroty była oczywista:

Jest! Więc jednak! Jak mogłam wątpić? Przecież za chwilę stanie się cud, na który czekamy!

Potyczka z NFZ o sprowadzenie lekarstwa trwała tydzień. Przez ten czas nowotwór rozrastał się w spokoju.

Wielki brzuch zawadzał Antkowi, utrudniał poruszanie się, siedzenie. Codziennie podczas porannego obchodu lekarka stwierdzała, że powiększył się o kolejne pół centymetra. To sporo, ale łagodząco-znieczulający filtr nadziei (czekamy na nowe lekarstwo!)

przesłaniał świadomy odbiór rzeczywistości w całej wyrazistości.

Przyszedł kiedyś na obchód profesor, o którym mówiło się, że jest „nieprzyjemny". Obejrzał ten brzuch, podszedł do Doroty. Jej ufne: – i jak, panie profesorze? – oczekiwało odpowiedzi pocieszającej. On popatrzył i sucho stwierdził:

– No, wie pani, przecież gołym okiem widać, że nowotwór szaleje. Przecież to wszystko w środku to jest rak.

Zawołał go ktoś, wyszedł. Rzadko zdarzało się jej płakać przy ludziach, ale kiedy zostawił ją samą, usiadła i ryczała, na szczęście Antek spał. Jak ten profesor mógł to powiedzieć i tak po prostu wyjść? Jak? A on po prostu mówił prawdę, mówił, jak jest, i dlatego uchodził za „nieprzyjemnego".

Pod koniec stycznia nadeszło lekarstwo, kuracja mogła się rozpocząć. Do tej pory poddano jej zaledwie kilkoro dzieci w Polsce. W tym szpitalu żadne nie przeżyło. A w innych? Tego lekarka dokładnie nie wiedziała. A skoro nie wiedziała, to znaczy, że jakieś na pewno przeżyło (rozumowanie po raz kolejny pokazujące, co nadzieja potrafi wyprawiać z ludźmi). W każdym razie cała procedura trwała dość długo. Oczekiwanie na działanie podawanego dopiero w trzecim cyklu chemii nowego leku było także długie. Zbyt długie. Po kolejnym USG poprosiła ją do siebie lekarka. Lek nie zadziałał. Owszem, wybił część komórek rakowych, ale te najsilniejsze pozostawił. Mniej więcej wtedy jeden z lekarzy zapytał Antka:

– Jak tam, Antek? Dobrze?

– Dobrze – usłyszał w odpowiedzi.

Lekarz odwrócił się do Doroty:

– Widzi pani? Ja się go pytam, jak się czuje, a on mówi, że dobrze. A gdybym spytał kogoś dorosłego, co by mi odpowiedział?

Po kilku dniach, wciąż jeszcze w styczniu, poprosili ją do siebie lekarze. Poszła sama, Sebastian był wtedy w pracy. Nie spodziewała się takiej rozmowy, nie była na nią przygotowana. Doktor powiedział, że to koniec. Najprawdopodobniej w ciągu kilku godzin bądź dni rak zamknie światło jelita. Antek umrze. Chłopczyka, który z nim leży, przeniosą zaraz do innej sali. Na oddział może wejść rodzeństwo, Marysia, Róża, Tadzio. Mogą pożegnać się z bratem.

Jak będzie wyglądała śmierć? Po czym będzie można poznać, że nadchodzi? Lekarz niezbyt chętnie odpowiedział, agonia przebiegać może bardzo, bardzo różnie. Ale sygnałem początku końca będzie pojawienie się zielonych wymiotów. I ból, straszliwy ból, który może przebić się przez morfinę. Prawdopodobnie konieczne okaże się przeprowadzenie operacji paliatywnej. Anestezjolodzy czekają cały czas w pogotowiu, zrobią, co w ich mocy.

Omotał ją strach. Już nie przed tym, że Antek umrze, ale że umrze w cierpieniach. I gdzieś daleko, samotny na sali operacyjnej.

Wyszła od lekarzy, znalazła jakiś kąt, wypłakała się, wróciła do Antka. Akurat bawił się komórką. Kiedy zobaczył mamę wchodzącą na salę, chciał koniecznie zrobić sobie z nią zdjęcie.

– Mamo, ale nie możesz być taka smutna, zrobię jeszcze raz, tylko musisz się uśmiechnąć.

Na drugim zdjęciu uśmiechają się oboje.

Koniec. Umiera twoje dziecko i nie możesz mu pomóc. Za każdym razem, kiedy ksiądz Jan przychodził na oddział, przypominał:

– Pamiętaj, rozmawiajcie o niebie.

Tyle mogła zrobić.

Minęło jednak kilka dni, powinna zacząć się kolejna chemia. Czy warto podać ją w tej sytuacji? Niech zdecydują rodzice. Zdecydowali, żeby podać. *Boże* – pomyślała wtedy Dorota – *jeżeli już musi umrzeć, niech przynajmniej będzie wiosna.*

Ale kiedy pojawiły się zielone wymioty, wciąż trwała ponura, beznadziejna zima.

Siedziała przy łóżeczku Antka i bała się własnych myśli, tego, że kiedy jej synek umiera, ona niepokoi się, w co ubierze jego stygnące ciałko. Nie zdążyła przywieźć z domu koszuli, marynarki, spodni i butów, w których przystępował do Pierwszej Komunii. Dlaczego ja nie mam tego ubranka? On może umrzeć w każdej chwili, a ja nie mam w co go ubrać. Ten szkolny mundurek i tak nie należał do nich. Wtedy chętnie pożyczyła go jedna z mam, ale czy zgodziłaby się i teraz? A przecież kiedy Antek umrze, trzeba go będzie szybko ubrać, bo po prostu ostygnie. Przerażał ją spokój, z jakim o tym myślała.

Zielone wymioty pojawiły się tylko raz, potem wróciły zwykłe, brązowe. Chemia zadziałała. Choć nie zlikwidowała całkowicie guza, brzuch wyraźnie się zmniejszył, zapadł wręcz. Któregoś dnia Antek poprosił o kisiel, wstał, przeszedł się. Znów zaczęła pulsować myśl, że jednak zostanie uratowany. Pani doktor wypowiadała się ostrożnie:

– Wiecie państwo, sytuacje są tak różne... Myśmy się nigdy z cudem nie spotkali, ale dlaczego nie mielibyśmy się spotkać?

W każdym razie Antek na tyle doszedł do siebie, że pozwoliła mu wyjść na przepustkę, następna chemia miała rozpocząć się za dwa tygodnie. Kiedy Antek usłyszał, że może wrócić do domu, wstał ostrożnie z łóżeczka – z jakiegoś powodu nie był podłączony do aparatury monitorującej – nieporadnie podbiegł do wychodzącej już z sali lekarki, złapał ją i z całej siły przytulił. Przystanęła zszokowana, przecież nigdy nie był wylewny, zwłaszcza wobec lekarzy. Ale tak bardzo ucieszyła go ta wiadomość.

Zaczął się luty.

Wróciło wreszcie najzupełniej zwyczajne życie: wspólne posiłki, gonitwy dzieci po mieszkaniu, zabawy Antka z Tadziem i Marysią, kiedy wróciła już ze szkoły, zjazdy na sankach z górki za kamienicą, plac zabaw, nęcący także zimą. Wszyscy zapomnieli – nie to, że starali się zapomnieć, po prostu: zapomnieli – o chorobie Antka, o tym, co przeszedł cały dom w ciągu ostatniego półtora roku. Minęły już niemal te dwa tygodnie, za kilka dni Antek miał wrócić do szpitala, kiedy spostrzegli, że guz odrasta. Ale nic, będzie dobrze, jedziemy na kolejną chemię. Pani doktor na widok brzucha powiedziała tylko:

– Kurczę, rośnie...

Podczas pobytu w szpitalu nadszedł czas na lekturę *Ostatniej bitwy*, tomu zamykającego cykl *Opowieści z Narnii*. Wydarzenia rozgrywające się u kresu książki przygnębiały Antka: to niemożliwe, żeby baśń tak się kończyła, żeby bohaterowie zostali pokonani w ostatniej bitwie. A jednak przegrali, Kalormeńczycy wrzucili ich do szopy Taszowi na pożarcie. Antek słuchał tego fragmentu załamany, bezradny. I nagle okazało się, że klęska zamienia się w zwycięstwo – za drzwiami szopy rozciąga się Narnia, w której czeka na nich Aslan. Więcej nawet – przechodzą z nim do prawdziwej Narnii. Tak jak kilka miesięcy wcześniej Antek usiadł z wrażenia poruszony fragmentem *Srebrnego krzesła*, tak i teraz zaniemówił. A więc jednak! Pozorna klęska okazała się drogą do zwycięstwa.

Po tej chemii mógł raz jeszcze wrócić do domu, guz znów się zmniejszył. Minęło może półtora tygodnia, kiedy Antek przyszedł rano do pokoju rodziców:

– Mamo, mam dla ciebie smutną wiadomość.

Odsłonił bluzkę, żeby Dorota mogła dotknąć brzuch.

– Faktycznie, Antek, masz rację. Odrasta – stwierdziła sucho, ale wszystko w niej krzyczało: przegrywamy. Dostali tych kilka tygodni, żeby móc jeszcze trochę pobyć razem. Tygodnie darowane, nic więcej. Druga chemia w tym cyklu miała być ostatnią w leczeniu Antka w ogóle, ale prowadząca ich doktor wywalczyła podanie jeszcze jednej. Znów więc wrócił po przepustce do szpitala i znów po leczeniu wypuszczony został do domu. Tym razem już po tygodniu pobytu Antka w domu Dorota z Sebastianem kładli się spać ze świadomością, że rano, dotykając jego brzucha, wyczują pod ręką guz większy niż poprzedniego wieczora. Jedyną nadzieją pozostał przeszczep.

Zaczął się marzec.

Nadeszła wreszcie wiosna.

Znowu któregoś dnia ją samą (Sebastian był w pracy) poprosił lekarz.

Powiedział, że leczenie się skończyło. Nie ma szans.

– Widziała pani, chemie, które żeśmy podawali, działały na tydzień. Wybiły część komórek rakowych. Wyselekcjonowały bardzo złośliwy nowotwór. Pytaliśmy chirurgów, czy spróbowaliby go wyciąć. Powiedzieli, że absolutnie nie. O przeszczepie też nie ma mowy. Pozostają dwie możliwości. Pierwsza – Antek przejdzie pod opiekę hospicjum domowego i spokojnie umrze w domu. (Szybka myśl Doroty: *to jest wyrok*). Druga to podanie megachemii. Nie można stwierdzić, że taka bardzo silna chemia nie pomoże Antkowi, bo a nuż pomoże. Ale do tej pory nie przeżyło jej żadne dziecko. Wszystkie umierały udręczone albo w trakcie podawania, albo w wyniku powikłań.

Powtórzył to samo, kiedy do szpitala dojechał Sebastian, kiedy byli już oboje, i dodał:

– Niech się państwo zastanowią i zadecydują.

Było nad czym się zastanawiać. Przecież ta chemia mogła pomóc Antkowi, jemu pierwszemu. Wielu rodziców decyduje się na podanie jej dziecku.

Lekarz widząc, jak miotają się w rozterce, powiedział:

– Państwa synek tak czy inaczej umrze.

Za te słowa, przytrzymujące nadzieję na smyczy, blokujące złudzenia, należą mu się wyrazy wdzięczności.

W ciągu kilku godzin musieli zadecydować, czy wolą zabrać synka pod opiekę hospicjum – co oznacza zakończenie leczenia i powrót Antka do domu z wyrokiem śmierci, czy wybierają łudzące iskierką nadziei kontynuowanie leczenia i podanie megachemii. Dorota zadzwoniła do ks. Jana z prośbą o radę, podświadomie mając nadzieję, że ksiądz powie: walczcie, musicie walczyć do końca. On odpowiedział: musicie robić to, co mówią lekarze. Jeżeli dla Antka będzie lepiej, żebyście wzięli go do domu, powinniście go wziąć.

Sebastian chciał walczyć, podać jeszcze tę chemię. Dorota hamowała: nie męczmy Antka niepotrzebnie.

Podjęli decyzję, że wezmą synka do domu, pod opiekę hospicjum.

Nigdy później jej nie żałowali.

Lał deszcz, kiedy zapłakani jechali na spotkanie z dyrektorem hospicjum. Nie bardzo mogli mówić. Rozmowa zaczynała się od ankiety. Dyrektor, postać bardzo charakterystyczna, człowiek trzymający dystans, surowy, zapytał, czy mają jeszcze nadzieję. Dorota nie wytrzymała wtedy, wybuchła płaczem. Przecież ich przez cały czas trzymała nadzieja. Karmili się nią, krzepili, szukali i odnajdywali w najtrudniejszych momentach. Czy zatem teraz, przychodząc tutaj, mogą – mają prawo – jeszcze ją żywić? Tak, mają. Paradoksalnie, przychodząc do hospicjum, wciąż jeszcze żyją nadzieją. Dyrektor przyjął to bez komentarza, zadawał kolejne pytania. Bardzo wyraźnie zaznaczył, że dziecko wzięte pod opiekę hospicjum w jednym tylko wypadku może wrócić do szpitala – gdy trzeba przeprowadzić operację paliatywną. Innej możliwości nie ma. Rodzice zgadzają się, że ich dziecko umiera, i chcą mu towarzyszyć. Nie będą dzwonić po ambulans, gdy zobaczą je w stanie krytycznym, nie będą chronić się z nim w szpitalu. Jeśli jesteście państwo zdecydowani, nie mamy na co czekać.

Wrócili do szpitala po Antka. Spakowali go, ubrali. Bardzo się cieszył, że wraca. Chciał już, natychmiast, do domu. Pożegnał się z pielęgniarkami i lekarzami. Do każdego podszedł i podał rękę, był już przecież starym pacjentem. Potrząsając energicznie dłonią profesora, mocnym, pewnym siebie głosem stwierdził:

– Do widzenia! Ja już tu nie wrócę.

– Cześć, cześć, wychodzisz? – żegnały się pielęgniarki.

Podczas takiego rozstania nie pozwalają sobie na jakiś czuły gest, objęcie. Wiedzą, że dziecka, które mówi im: „do widzenia" już nie zobaczą, że skończyło leczenie i wychodzi, żeby umrzeć.

Wyszedł ze szpitala w euforii, że już na zawsze wraca do domu. Po powrocie z radości zaczął z Sebastianem szaleć na kanapie, biegać po mieszkaniu. Wokół też panowało zamieszanie, z hospicjum przywieźli specjalne łóżko na pilota, mógł je sam obracać, regulować wysokość. Tylko dla mnie? Tylko. Na zawsze? Na zawsze. Przyjechał lekarz i pielęgniarka, dziadkowie. Wszyscy śmiali się, starali się być rozmowni, pogodni. Ale kiedy Antek spoglądał w stronę rodziców, oni spuszczali wzrok, bali się, że zobaczy ich przerażone oczy.

Ile mogło trwać umieranie Antka w domu? Kiedy Dorota zapytała o to lekarza, miała nadzieję usłyszeć, że bardzo krótko, kilka dni. Ale on odpowiedział, że zazwyczaj około dwudziestu, choć czasem oczywiście krócej. Ani Sebastian, ani Dorota nie przypuszczali, że w przypadku ich syna potrwa to dwadzieścia dwa dni. Po tym, co przeszli razem z Antkiem w szpitalach, sądzili, że gorzej już być nie może. Nie przewidywali, że będzie tak ciężko, tak źle. Antek musiał jakoś przeczuwać powód powrotu do domu. Kiedy wieczorem pierwszego dnia rodzina zebrała się przy jego łóżku na modlitwę, Marysia powiedziała dlaczegoś, jak czasem mówią dzieci, że ona się zabije. Wtedy Antek poprosił:

– Marysia, nie mów tak, nie mów, że się zabijesz. Ja też często tak mówiłem i widzisz, teraz umieram.

Dorotą wstrząsnęło. Nic nie powiedziała, ale zaczęło ją dręczyć pytanie, skąd mu przyszło do głowy takie stwierdzenie i na ile on jest (na ile może być) świadomy swojego stanu.

Uczuciem dominującym w tych dniach było przerażenie, nie rozpacz, na nią nie mieli czasu. Antek nie potrzebował ich płaczących, rozbitych. Mieli doprowadzić go do śmierci, trwać przy nim. Czas na rozpacz, na płacz przyjdzie, kiedy ich syn umrze. W momentach, kiedy nie dawali rady i łzy same zaczynały napływać do oczu, starali się wyjść z pokoju, by dać im upust, i wracali dopiero po obmyciu twarzy zimną wodą.

Od początku pobytów Antka w szpitalu Marysia sprawiała wrażenie osoby, która za wszelką cenę chce utrzymać normalność w domu dotkniętym chorobą jej brata. Starała się, żeby rodzicie mogli mieć w niej oparcie, widziała, jak jest im ciężko. Stwardniała bardzo. Nie okazywała żadnych uczuć. Nie płakała niemal nigdy, najwyżej cztery-pięć razy w ciągu tego półtora roku, od kiedy na korytarzu szpitala usłyszała płacz Antka dochodzący z gabinetu zabiegowego. Dość miała łez wszystkich wokoło, mówiła o tym Dorocie. Odreagowywała krnąbrnością w szkole. Kiedy Antek wrócił do domu, by umrzeć, też nie okazywała emocji. Najnaturalniej podchodziła do łóżka brata, snuła mu jakieś opowieści, pytała, czy coś mu podać, czy czegoś mu potrzeba. Na widok płaczących rodziców, podchodziła i przepraszała:

– Mamo, ty wiesz, że jest mi bardzo przykro, ale ja nie potrafię się rozpłakać.

Dorota patrzyła na nią zszokowana – czy ona nie widzi, co się dzieje, czy nie rozumie, że jej brat umiera? Z czego to wynika? Kiedy już Antek leżał w domu, znalazła gdzieś wiersz ks. Twardowskiego *Tak*. Podchodziła wtedy do rodziców i czytała im: *święte cierpienie pocałuj w rączkę / Bogu się mówi „tak"*. Tylko w ten sposób okazywała, że coś się jednak w niej dzieje.

Pierwsze dwie noce Antek przespał z rodzeństwem, nie chciał spać w przygotowanym dla niego pokoju, na swoim specjalnym łóżku. Trzy pompy sączyły w niego morfinę, leki uspokajające i przeciwwymiotne pogrążające we śnie, znieczulające. Pierwszego dnia funkcjonował normalnie, drugiego musiał już się położyć. Dużo spał, ale kiedy się wybudzał, kontakt był z nim jeszcze dobry. Dorota czytała mu wtedy po raz kolejny jego ulubiony tom *Opowieści z Narnii – Konia i jego chłopca*. Od trzeciego, może czwartego dnia dormicum wyłączało Antkowi świadomość – ona czytała, on przysypiał, ona czytała dalej, on się wybudzał, miał wrażenie, że przeskoczyła partię tekstu:

– Nie, nie mamo, wróć, opuściłaś kawałek.

Podobnie było podczas wspólnej modlitwy, kiedy w tych pierwszych dniach próbował się jeszcze włączać. Klękał z wysiłkiem, opierał się na łóżku, wspólnie wymieniali intencje, on w pewnej chwili milkł, wyłączał się, ona mówiła dalej, zaczynała modlitwę, on się wybudzał:

– Nie, jeszcze nie, mamo, nie skończyliśmy intencji.

Na twarzy malował mu się wysiłek, bardzo starał się skupić, wypowiedzieć myśl. Mówił powoli, coraz ciszej. Nigdy nie chciał modlić się o swoje uzdrowienie, choć od dłuższego czasu, jeszcze w szpitalu, Dorota prosiła go o to:

– Antek, pomódl się proszę o uzdrowienie. Musisz się o to modlić.

Wymieniał mnóstwo intencji, ale za siebie prosić nie chciał. Czasem tylko dodawał na koniec:

– I jeżeli będziesz chciał, Panie Boże, możesz mnie uzdrowić.

Nie umieli sobie odpowiedzieć, czy wynikało to z jakiejś dziecięcej dumy, czy z poddania się woli Bożej.

Od trzeciego dnia po powrocie do domu kontakt z Antkiem częściej się rwał, targały nim koszmarne wymioty. Prosił, żeby mu pomóc podnieść się, sam nie był w stanie, choć próbował. Dorota podtrzymywała go, Sebastian podawał miskę. Tylko tyle mogli zrobić.

Tak jak kiedyś w szpitalu, Antek sam próbował pobudzić wymioty, wiedział, że przyniosą mu ulgę. Ale teraz nie mógł już trafić ręką do buzi. Podtrzymywany czekał więc, aż wyleją się z niego ogromne ilości cuchnącej cieczy. Chciał być blisko rodziców, spać między nimi, czuć ich dotyk. Brali wtedy materace, kładli go między sobą. Bardzo niewyraźnie, z wielkim wysiłkiem powtarzał:

– Mamo, przytul mnie.

Ona go przytulała, on szeptał:

– Mamo, przepraszam cię, że tak śmierdzę. Możesz się mnie brzydzić.

– Nigdy Antek – zapewniała – nigdy w życiu, słyszysz? Cudownie pachniesz, zawsze, na zawsze cię kocham, zawsze będę cię przytulać.

Raz za razem starał się podnieść. Umęczony, wychudzony, wyniszczony. Poili go przez słomkę, wstrzykiwali w usta nieco płynu, delikatnie zwilżali wyschnięte wargi. Brat Doroty przyniósł olbrzymią torbę wypchaną sorbetami. Podawali Antkowi po pół łyżeczki kojącego chłodem soku. Nie mógł otworzyć oczu, nie mógł zwymiotować. Dorota z Sebastianem nie mogli mu w żaden sposób pomóc. Uwolnić mogła go tylko śmierć. Oni mogli bezsilnie patrzeć na agonię. Próbował się kiedyś podnieść, oni pochylili się nad nim, mimowolnie kapały im łzy. Z wielkim wysiłkiem otworzył oczy, wzrok miał zmęczony, poirytowany, głosem twardym jak skała powiedział:

– Nie płaczcie, tylko się módlcie.

Znów wstrząs.

Leżał kiedyś niespokojny, ciskał się na łóżku, coś mu się śniło, powtarzał przez sen:

– Nie kłóćcie się, proszę was, obiecajcie mi, że nie będziecie się kłócić.

Kolejny szok, takie słowa w takiej chwili. Przyrzekli, uspokoił się. W ogromnym napięciu tych dni starali się pochwycić jak krople do naczynia każde słowo Antka, żeby nie upadło, nie rozbiło się. Wyszeptał kilka razy z żalem, że nie zdążył nauczyć się czytać i zapalać zapałki. Szkoda było mu tego. Mówił niewyraźnie, nie wiadomo było, czy jest przytomny, czy nie, czy prosi o picie, czy o coś innego.

Dorota pochylała się nad synkiem:

– Antosiu, synku, czego chcesz, powiedz, czego chcesz, powiedz mi – wsłuchiwała się w jego szept.

– Wolności – wyszeptał bardzo wyraźnie już po Wielkanocy. Nie uwierzyłaby, gdyby jej ktoś to opowiedział. Dziecko sześcioletnie, w takim stanie... Ale jego dusza tak bardzo chciała wyrwać się już z umęczonego ciałka. Od tej chwili przerażona Dorota modliła się tylko o śmierć dla synka.

Chciała wiedzieć, jak wygląda moment odejścia, chciała być przygotowana. Kiedy pierwszego dnia przyjechali do domu, poprosiła jedną z pielęgniarek, żeby opowiedziała jej, jak wygląda śmierć. To, co usłyszała, wydawało się jej nieracjonalne, dziwne. Pielęgniarka powiedziała, że dzieci często umierają niespodziewanie, kiedy rodzice się odwrócą albo akurat wyjdą z pokoju. Wydaje się nawet, że rodzice, siedząc ciągle przy dziecku, przytrzymują je. A czasem lepiej jest wyjść, żeby i dziecko mogło odejść. *Co ta kobieta opowiada*? – pomyślała wtedy Dorota. Ale w chwilach już naprawdę bardzo, bardzo ciężkich, wychodziła z pokoju: – *Antek, jeśli chcesz – idź*.

Żeby tylko jeszcze zdążyć zatrzymać, zapamiętać dotyk i zapach. Dotyk, który się zmieniał. Kiedyś, dawno, niedoceniany. Któż by się zatrzymywał, rozczulał nad wytarciem buzi, wzięciem na kolana, pocałunkiem. Kto zwracałby wtedy uwagę na zapach? Teraz bez przerwy wąchali Antka, chcieli zapamiętać, jak pachnie. Teraz każde tknięcie musiało być przemyślane, najdelikatniejsze. Żeby nie zrobić Antkowi krzywdy, żeby go nie zabolało, żeby tego kruchego ciałka nie stłuc. A jednocześnie jeśli już trzeba dotknąć, to jak najdłużej przytrzymać tę chwilę fizycznego kontaktu, wyrwać ją. Głaskać główkę, przytulić, być jak najbliżej. Dzielili się z Sebastianem tymi chwilami:

– Kto teraz? Może ja?

– Dobrze, najpierw ty. Ja potem.

Być przy Antku, usługiwać mu, towarzyszyć – to było tak wiele. To, że cewnikuje go matka w domu, a nie gdzieś w szpitalu dyżurująca akurat pielęgniarka. Mycie, przenoszenie ciałka kiedyś pełnego życia, energii, teraz reagującego grymasem bólu na każde mocniejsze muśnięcie. Pragnął ich dotyku, bliskości. Podnosił często rączki, Dorota nachylała się nad nim, obejmowała, przytulał się do niej i tak zasypiał. Rozchylała te rączki, odkładała na bok. Dusza wciąż się w nim kołatała, ale zmieniał się coraz bardziej, chudł, zapadały mu się policzki, zaczynały prześwitywać kości, nie mógł oddychać, nie mógł odkaszlnąć. Tylko serce ciągle biło, biło, i biło.

W tych dniach zaszła w Dorocie zasadnicza przemiana. Dotychczas ilekroć słyszała ks. Jana powtarzającego jej synkowi: – Antek, dziękuj Panu Bogu za swoją chorobę – wpadała w popłoch, chłostały ją te słowa do żywego. Sama była w stanie najwyżej powiedzieć: – Panie Boże, wiem, że powinnam dziękować za cierpienie, ale nie potrafię. – Teraz, w tych ostatnich dniach, ona, matka, zrobiła to. Podziękowała Panu Bogu za chorobę synka. Zbliżyła się wtedy bardzo do Matki Bożej Bolesnej. Co Ona czuła, kiedy trzymając malutkie Dzieciątko usłyszała, że miecz przeszyje Jej duszę? Co musiała przeżyć później. A przecież podczas Męki stała obok Syna, wspierała Go, bez płaczu, bez ciskania się, bez histerii. Dorota chciała uczyć się od Maryi postawy matki, która trwa przy swoim synu, której zadaniem jest modlić się, modlić cały czas i pomóc dziecku, kiedy można. Przyjąć obezwładniające cierpienie z wielką wiarą w miłość Bożą i niezachwianym zaufaniem, że Pan Bóg wie lepiej, co dla jej syna jest dobre.

Antek żegnał się, ewidentnie żegnał się ze wszystkimi. Każdemu chciał powiedzieć coś miłego. Sebastianowi bez przerwy powtarzał, że go kocha.

– Synku, ja bym umarł za ciebie – przez łzy szeptał Sebastian.

– Widzisz, tato, a ja umieram za ciebie – odpowiedział Antek.

To wyznanie porażało jakąś niepojętą głębią. Kiedy było już bardzo źle, próbował w pewnym momencie powiedzieć coś Dorocie. Chciał mimo zamkniętych oczu objąć ją, nie mógł trafić, wyciągał tylko w powietrze swoje wychudzone rączki. Kiedy pochyliła się nad nim, wyszeptał:

– Mamo, ty jesteś taka dobra i taka piękna.

Oczu nawet nie mógł otworzyć, a mówił jej, że jest piękna. Czy był w tym wyznaniu jakiś ślad którejś z niezliczonych rozmów, jakie wiedli w szpitalu. Jedna z nich zaczęła się, kiedy powiedział, że jest brzydki.

– Antek – objęła synka – dla mnie jesteś piękny. Każdy ma w sobie piękno, choćby sam go nie dostrzegał. Ja na przykład nigdy nie myślałam o sobie, że jestem szczególnie ładna, a twój tata zakochał się we mnie.

Marysi, swojej najlepszej przyjaciółce, powtarzał, że jest fajną dziewczyną. Róży, która wtedy przechodziła okres fascynacji księżniczkami i pięknymi ubiorami, mówił, że jest księżniczką najpiękniejszą. W przebłyskach przytomności prosił, żeby przynosić mu Tadzia, starał się go dotknąć.

Zastanawiali się, jak dużo z tego, co się wokół działo, docierało do niego? Ile słyszał? Ile rozumiał? Kiedyś do siedzącej przy łóżku Antka Doroty podeszła Marysia (miała teraz czas dla wszystkich dzieci, Róża nie schodziła jej z kolan), zaczęła mówić coś o nartach, że będzie bała się jeździć, czy coś podobnego. Dorota próbowała ją uspokajać, że nie ma się czego bać, gdy niespodziewanie usłyszały głos nieświadomego, zdawałoby się, Antka:

– A ja nauczę się jeździć na nartach, choćby nie wiem co.

Trzymał w dłoni szpitalny krzyżyk, nigdy wcześniej nie wyjmowany w domu. Często modlili się przy nim na głos, ks. Jan poradził, żeby czytali modlitwę za konających. Sebastian czuwał przy nim cały czas, odchodził od łóżka tylko w chwilach, kiedy nieprzytomny ze zmęczenia musiał przespać się na karimacie obok. Dorota w zaawansowanej ciąży czasem musiała wyjść. Antek umierał, ale za drzwiami pokoju, w którym leżał, toczyło się życie, trzeba było nakarmić pozostałe dzieci, wykąpać, położyć spać.

Zbliżała się Wielkanoc. Dorota pomyślała o wielkanocnych mazurkach, poszła jednak z resztą dzieci na Mszę św. Wielkoczwartkową. Okazało się, że na Wielkanoc nie będą musieli nic przygotowywać. Przyjaciele i znajomi przynieśli kosze jedzenia, wszystko zorganizowali. Tak troskliwie pomagający, przyszli, ustawili stos wiktuałów na stole, pogodni, chcący pocieszyć cierpiący dom. Weszli na chwilę do Antka i zamarli.

Wyszli zszokowani.

Dziewiętnastego dnia Antek stał się niespokojny, potrząsał głową, wiercił się. Dorota podeszła, zobaczyła, że zmienia się jego twarz. Był taki wychudzony, a teraz opuchła mu buzia.

Doszło do przerzutów. Mama Doroty, lekarz, zapewniała, że on już nic nie czuje, że niedługo umrze.

Dwudziestego dnia oprzytomniał, rozbudził się, poprosił o colę. Kolejny raz (który już?) poczuli ukłucie nadziei – a może jednak cud? Dorota zadzwoniła do przyjaciółki, chciała usłyszeć – tak, oczywiście, widocznie pisane mu jest wyzdrowieć. Usłyszała – wiesz, podobno ludzie tuż przed śmiercią tak się żegnają. Tego dnia przyszedł jeszcze ks. Jan udzielić Antkowi Komunii św. Chłopiec był przytomny, ale nie reagował. Ksiądz włożył mu do ust maleńki kawałek Hostii. Nie był pewien, czy przełknął go, czy nie. Półszeptem zapytał Dorotę, ale to Antek cicho odpowiedział:

– Połknąłem, połknąłem.

W płucach zbierała się wydzielina, której nie miał siły odkaszlnąć. Dusił się w nocy. Rzężenie budziło Marysię, przestraszona szła do sypialni rodziców. Wydawało się, że już, już Antek umrze, Dorota włożyła mu do rączki jego krzyżyk. Serce jednak wciąż biło, biło, i biło.

Nad ranem dwudziestego drugiego dnia (gdyby mieli w mieszkaniu kalendarz ścienny i gdyby ktoś pamiętał o zerwaniu kartki zasłaniającej wyłaniający się właśnie dzień, zobaczyliby, że rozpoczął się dwudziesty kwietnia 2006 roku) Sebastian, kompletnie nieprzytomny ze zmęczenia, przysnął na karimacie obok łóżka synka.

Około szóstej Dorota musiała wyjść z pokoju nakarmić Tadzia. Poprosiła swoją mamę, żeby czuwała chwilę przy Antku. Zastanawiała się, czy wysłać dzisiaj Marysię do szkoły. Wysłać? A jeśli jej brat akurat umrze? Będzie mogła mieć uzasadniony żal do rodziców. Może więc lepiej, żeby została w domu?

Z drugiej strony starali się z Sebastianem mimo wszystko zachować, na ile to było możliwe, normalny rytm domu. Może więc lepiej, żeby jednak poszła dziś do szkoły? Budziła ją zwykle o siódmej. Za pięć siódma do pokoju, w którym karmiła Tadzia, weszła jej mama:

– Dorotko, już. Antoś zmarł.

Pragnęła towarzyszyć synkowi w momencie śmierci. Z drugiej strony przypomniała sobie słowa tamtej pielęgniarki: dzieci odchodzą dyskretnie. Wstała, poszła do pokoju, w którym leżał. Pomyślała, że Antek rozwiązał jej dylemat: budzić Marysię, czy nie. I: widzisz, Antek, to wszystko prawda. Zobaczyła go, jak wreszcie uwolniony wbiega na łąkę skąpaną w rozświetlonym słońcem rześkim poranku nowego dnia, przepiękną narnijską łąkę. Nigdy nie zobaczył takiej na ziemi. Pokryty rosą puszysty, lśniący mech, odurzający zapach ziół, rzeka śląca bliki zza wielobarwnych koron i kielichów polnych kwiatów, horyzont zamknięty kołyszącą się ścianą lasu. Biegł sam, ale Dorota wiedziała, że za chwilę jej synek spotka czekającą na niego Matkę Bożą, która weźmie go na kolana, pozwoli wtulić się w swój miękki płaszcz, obsypie pieszczotami, otoczy czułością. Zastąpi ją.

Antek miał teraz uśmiechniętą, spokojną twarz, choć przecież zazwyczaj kąciki ust naturalnie układały mu się ku dołowi. Dorota z Sebastianem, wciąż jeszcze w odruchu ostatnich dni, żeby nie dotknąć go zbyt mocno, żeby nie sprawić bólu, bardzo delikatnie umyli i ubrali ciało synka. Bielizna, mundurek, w którym przystępował do Pierwszej Komunii, i koniecznie pasek. Stygł bardzo szybko. Kiedy Dorota składała mu ręce, koniuszki palców były już zimne. Położyli Antka na prześcieradle na łóżeczku Róży. Sebastian wpiął mu w klapę marynarki swój krzyż harcerski. Obudzili dzieci.

Dom wypełniała cisza i poczucie ulgi – skończyło się tak bolesne umieranie Antka, już poszedł do nieba.

Świadomość tego przynosiła pokój.

Róża trochę popłakiwała, Marysia chodziła po mieszkaniu i szukała rzeczy, które mogłaby położyć przy bracie. Włożyła mu do rąk różaniec i jego ulubiony obrazek – Matki Boskiej Częstochowskiej. Później obie z Różą zaczęły rysować dla Antka swój podwójny portret – dwie uśmiechnięte buźki. Tadzio podchodził i dotykał brata. Przyjechało pomodlić się przy Antku kilkoro przyjaciół domu i rodzina. Przynieśli świeże żonkile, tulipany i coś na obiad. Około jedenastej przyszedł ks. Jan.

Później jeszcze Dorota i Sebastian poszli z dziećmi na spacer. W parku, na podwórku i placu zabaw rozkwitała wiosna. Otaczające ich zapachy, ciepło, delikatna zieleń, śpiew ptaków zdradzały, że Pan Bóg przejął się tamtym styczniowym westchnieniem Doroty – *jeżeli już Antek ma umrzeć, to niech przynajmniej umrze na wiosnę*. Wydawało się, że chce im powiedzieć: wasz synek musiał umrzeć, to część moich planów, wam teraz jeszcze nieznanych. Ja wiem lepiej, co jest dla niego dobre, kocham go przecież bardziej niż wy. Zabrałem Antka na wiosnę, ponieważ zawsze, na ile mogę wam pomóc i pocieszyć was – pomogę i pocieszę.

Około trzynastej podjechali pod dom pracownicy zakładu pogrzebowego, przywieźli trumnę. Sebastian z bratem Doroty ułożyli w niej ciało Antka. Dzieci bardzo starannie ustroiły je kwiatami, poukładały wokół brata przygotowane wcześniej drobiazgi. Krzyżyka nie włożyły. Dorota z Sebastianem postanowili, że zostanie w domu. Antkowi nie będzie już potrzebny, a im kiedyś – może tak.

Potem trzeba było zamknąć wieko. Dorota na szczęście nie musiała skupić się na własnych emocjach. Musiała przytulić i uspokoić Różę, która krzyczała histerycznie:

– Dlaczego tata i wujek to robią?! Dlaczego zamykają pokrywę trumny?! Dlaczego zabierają Antka?!

Sebastian z bratem Doroty zamknęli wieko, podnieśli trumnę, sprowadzili z trzeciego piętra. Od tej pory, ilekroć Dorota otwiera drzwi mieszkania, widzi trzy obrazy:

Antka zjeżdżającego po poręczy.

Antka niesionego przez Sebastiana na ramionach.

Antka znoszonego w trumnie.

Podczas Mszy św. pogrzebowej przechodnie mijający kościół podchodzili i pytali, czy to zmarł ktoś sławny. Nie, nikt sławny. Zwyczajny chłopiec. Jaki chłopiec? – dopytywał ktoś. Chłopiec, po prostu.

Niespodziewanie dla Doroty na tę Mszę św. przyszła także pani doktor prowadząca

Antka. Niespodziewanie, ponieważ podczas jakiejś rozmowy powiedziała Sebastianowi, że kiedyś wierzyła w Boga, ale odkąd pracuje na onkologii dziecięcej to, co się tam dzieje, dla niej stanowi dowód, że Pan Bóg nie istnieje. Teraz weszła do kościoła, podeszła do konfesjonału, wyspowiadała się, a później przystąpiła do Komunii św.

W dwa tygodnie po śmierci Antka pojechali całą rodziną do Krasnobrodu niedaleko Zamościa. Ten wyjazd ważny był przede wszystkim dla dzieci, mogły trochę odpocząć, zwłaszcza Marysia.

Dorota oczekiwała dziecka, którego ruchy zaczęła czuć w piątym miesiącu ciąży, kilka dni po śmierci Antka. Teraz oczekiwanie na nowe życie podtrzymywało ją i cały dom, dawało siłę. Myśli nie wirowały wyłącznie wokół żałoby. Niespodziewanie w Krasnobrodzie poczuła, że zaczyna rodzić. Pojechali do szpitala w Zamościu. Warunki fatalne, a poród w piątym miesiącu i tak rokuje bardzo małe szanse przeżycia dziecka. Ogarnął ją straszny lęk. Jej pytanie: *Panie Boże, co jeszcze?* było tylko pytaniem, nie pretensją. Przecież dwa tygodnie temu... W poczekalni szpitala bardzo mocno modliła się do Antka.

Co robić? Zostać w tym fatalnym szpitalu z Zamościu, czy jechać do Warszawy? Zadzwoniła do prowadzącego ją lekarza w Warszawie. Zapytał, czy lekarze w Zamościu zrobili USG. Nie? W takim razie spokojnie, niech jadą państwo do Warszawy. Na miejscu okazało się, że wszystko jest w porządku. To było jedyne wahnięcie podczas całej ciąży.

Basia urodziła się w przewidzianym terminie. Myśląc w czasie ciąży o mającym przyjść na świat maleństwie, Dorota bardzo chciała, żeby to był chłopiec. A jeśli będzie dziewczynka, to żeby chociaż miała oczy takie, jak Antek. Kiedy podano jej nowo narodzoną córeczkę, spojrzały na nią oczy, w których skupiło się całe niebo. Były bardziej niebieskie niż oczy Antka, on miał nieco siwawe. Znów drobiazg pocieszenia od Pana Boga.

Pełno Antka wszędzie.

Miejsca, przedmioty, zapachy – wszystko o nim przypomina. Sorbety kupione, kiedy leżał w domu, a które jedli jeszcze długo po pogrzebie. Zielona miska, którą podtrzymywał mu pod brodą Sebastian. Mrożący widok leżaków w jaskini solnej, do której znajomi obchodzący rocznicę ślubu zaprosili Sebastiana i Dorotę. Dokładnie takie same były na onkologii. On się nie położył, ona tylko po to, żeby zamknąwszy oczy przypomnieć sobie synka. Widok torby jagód kupionych na pierogi przez mamę Sebastiana natychmiast przynosi obraz pierwszego wyjazdu do Urli i Antka „jagodowego króla" buszującego zapamiętale w ławicach jagodowisk. Drobne, znane tylko Dorocie i Sebastianowi, ślady w łazience po wymiotach Antka.

Kilkanaście razy w ciągu dnia, kiedy jej wzrok pada na jakiś przedmiot, rozbłyskuje obraz, a za nim nadlatuje cała scena. Raz mocniej, tak że na chwilę musi usiąść, przerwać zajęcie, innym razem szarpnie tylko za głowę. Trzeba nauczyć się z tym żyć. Trzeba nauczyć się kiełznać wyobraźnię snującą zadręczające wizje zbudowane na gestach i zachowaniach Antka: jak wchodzi do kuchni, prosi o talerz zupy pomidorowej, po swojemu ociera buzię. Jak by to było wspaniale, gdyby się na nią, Dorotę, nawet zagniewał.

Dręczącą ją myśl, by móc choć jeszcze tylko raz spotkać Antka, rozproszyło kiedyś nagłe olśnienie: przecież na szczęście kiedyś umrą i wszyscy spotkają się razem. Trzeba tylko tak przeżyć życie, żeby zasłużyć na niebo, to jedyna trudność.

W czasie jednej z ostatnich przepustek, podczas owych „tygodni darowanych", wybrali się wszyscy razem do znajomych pod Warszawę. Jechali rodzinnym miniwanem, Antek siedział na swoim ulubionym miejscu z tyłu samochodu. Znakomicie bawili się, prześpiewując cały rodzinny repertuar piosenek, przy wyjeździe z Warszawy nie od razu zauważyli więc, że zaczęli pogrążać się w korku. Kiedy utknęli na dobre, męczącą ciszę po wyczerpaniu zasobu piosenek przerwała Marysia:

– Mamo, długo jeszcze? Kiedy wreszcie dojedziemy na miejsce?

Jej pytanie poruszyło w Dorocie lękliwe myśli: Boże, przecież Antek nie może się męczyć, a tak długo już jedziemy. A jeżeli zrobi mu się niedobrze? Jeśli zacznie wymiotować? Pomysł takiego wyjazdu był jednak nierozsądny, zupełnie nieodpowiedzialny.

Z tylnego siedzenia nadleciało kłujące pytanie Antka:

– Mamo, długo jeszcze?

Boże – jej struchlała myśl wybiegła do przodu – zaraz pewnie powie, że źle się czuje, że chce zwymiotować.

– Nie, nie, Antek – zapewniła pośpiesznie – już niedługo, naprawdę.

– To szkoda – dobiegło z tyłu samochodu – bo z wami mógłbym jechać na koniec świata.

*Autor dziękuje*
*Hubertowi Wołącewiczowi*
*za wszechstronne wsparcie.*